T0198601

Durch die Pubertät von A bis Z

Carolina Kattan

Durch die Pubertät von A bis Z

Wie Sie Ihr Kind bestmöglich begleiten und unterstützen

Carolina Kattan
Düsseldorf, Deutschland

ISBN 978-3-658-28132-8   ISBN 978-3-658-28133-5   (eBook)
https://doi.org/10.1007/978-3-658-28133-5

Die Deutsche Nationalbibliothek verzeichnet diese Publikation in der Deutschen Nationalbibliografie; detaillierte bibliografische Daten sind im Internet über http://dnb.d-nb.de abrufbar.

Einbandabbildung: © [M] artisticco/Getty Images/iStock
Umschlaggestaltung: deblik Berlin

Springer ist ein Imprint der eingetragenen Gesellschaft Springer Fachmedien Wiesbaden GmbH und ist ein Teil von Springer Nature.
Die Anschrift der Gesellschaft ist: Abraham-Lincoln-Str. 46, 65189 Wiesbaden, Germany

Die Zukunft liegt in den Händen unserer Kinder.

Vorwort

Eltern wünschen sich Zufriedenheit, Glück und Gesundheit für ihre Kinder und erhoffen sich, dass sie ihren Lebensweg voller Unbeschwertheit und mit einer positiven Grundhaltung gestalten. Die seelische Gesundheit ist dabei mindestens ebenso wichtig wie die Gesundheitsförderung durch Sport und eine gesunde, abwechslungsreiche Ernährung. Aktuelle Zahlen zu einer Studie zur Gesundheit von Kindern und Jugendlichen in Deutschland 2018 zeigen jedoch, dass das Empfinden und Erleben von Glück für Kinder keine Selbstverständlichkeit ist. Laut Elternangaben weisen über 16 % der Kinder und Jugendlichen psychische Auffälligkeiten auf. Viele Kinder leiden unter Stresssymptomen, digitaler Reizüberflutung, Leistungsdruck und Versagensängsten. Ihre weitere Persönlichkeitsentwicklung, die empfundene Lebensqualität, ihre Leistungsfähigkeit und die Gestaltung freundschaftlicher und partnerschaftlicher Beziehungen werden maßgeblich davon beeinflusst.

Hinzu kommt, dass kaum eine Lebensphase von Eltern so herausfordernd erlebt wird, wie die Pubertät der eigenen Kinder. Wir lieben sie über alles und doch können sie uns manchmal in den Wahnsinn treiben. In der Pubertät verstehen die Eltern ihre Kinder nicht mehr und umgekehrt. Es ist eine Zeit, in der oftmals Tränen fließen und familiäre Konflikte an der Tagesordnung sein können. Die Bewältigung der anstehenden Entwicklungsaufgaben ist für alle Beteiligten eine große Herausforderung. In einigen Fällen können Erwachsene und Kinder situativ derart überfordert sein, dass Eltern sogar zeitweilig zum Feindbild werden oder unbewusst aufgrund eines *erzieherischen Erschöpfungszustands* kapitulieren und den Impuls verspüren, sich von den eigenen Kindern abzuwenden.

Ein auflehnendes Verhalten kann als ebenso belastend empfunden werden wie ein emotionaler Rückzug oder die anhaltend schlechte Stimmung eines Teenagers. Wenn wir selbst überarbeitet oder überfordert sind, kann das dazu führen, dass wir dem Verhalten unseres Kindes mit einer gewissen Gleichgültigkeit begegnen oder im Extremfall gar innerlich aufgeben und auf antisoziales oder selbstschädigendes Verhalten nicht mehr korrigierend einwirken.

Damit Sie als verantwortungsvolles Elternteil auch in schwierigen Entwicklungsphasen Ihren Nachwuchs bestmöglich begleiten und unterstützen können, sollten Sie über einige Themen gut informiert sein.

In keinem Lebensabschnitt ist die körperliche und kognitive Veränderung so groß wie in der Pubertät. Es liegt eine Mammutaufgabe vor Ihrem Kind, die es zu bewältigen gilt. Selbst wenn es manchmal den Anschein erweckt, dass Ihr Kind alles allein bestens meistert und auf Ihre Meinung wenig Wert legt, so bleiben Sie doch sein größtes Vorbild und andererseits ist es auch Ihre Pflicht, Ihr Kind vor möglichen gesundheitsschädigenden Einflüssen zu warnen, es aufzuklären, zu erziehen und in Lebenskrisen zu begleiten.

Jede Zeit hat ihre Trends, Idole und Lifestylephänomene, die jedoch gerade in der heutigen Zeit von den Eltern pubertierender Jugendlicher als anhaltende Bedrohung von außen erlebt werden können, da sie das familiäre Zusammenleben stören und den Nachwuchs zu einem rebellierenden, regelbrechenden oder besonders schweigsamen Zombie werden lassen. Je besser Sie jedoch Ihr Kind zu verstehen versuchen, desto weniger brauchen Sie diese Zeit zu fürchten. Seien Sie sich bewusst darüber, dass die Zeit der Pubertät Eltern und Kinder dafür prädestiniert, Fehler zu machen, denn das ist sozusagen unumgänglich. Bleiben Sie gelassen und denken Sie immer daran, dass diese Zeit irgendwann vorbeigeht.

Die Persönlichkeitsentwicklung stellt eine große Herausforderung für die ganze Familie dar und vollzieht sich über einen längeren Zeitraum, letztendlich bis zu unserem Tod. Vor allem im Jugendalter werden die Weichen für die spätere Zukunft gestellt. Der heranwachsende Mensch festigt sein Weltbild und durch all seine Erfahrungen in der Interaktion mit seiner Umwelt entsteht auch sein Selbstbild. Vermutlich haben Sie Ihr Kind schon früh darin unterstützt, ein gutes Selbstwertgefühl aufzubauen. Hören Sie damit nicht auf, denn ein stabiles Selbstwertempfinden ist vor allem jetzt, wenn negative Gefühle ertragen, Schwächen erkannt, Verlusterlebnisse und Versagensängste überwunden werden müssen, umso wichtiger für Ihr Kind. Sie haben als gutes Vorbild, konstanter Begleiter und geliebter Mensch einen enormen Einfluss auf den Werdegang Ihres Kindes und je besser Sie sich in die Welt eines beispielsweise 14-jährigen Teenagers hinein versetzen können, desto gelassener werden Sie mit entwicklungsbedingten Krisen und familiären Konflikten umgehen können.

Dieser Ratgeber informiert Sie über einige entwicklungsbedingte Risiken und fördert Ihre **A**chtsamkeit im Hinblick auf potenzielle gesellschaftliche Gefahren, ohne Ihr Kind in seiner individuellen Entfaltung, Meinungsfindung und geistigen Heranreifung einzuschränken. Es werden Themen wie die Gefahr durch **R**auschmittel ebenso vorgestellt, wie eine beginnende **D**epression oder eine sich anbahnende **E**ssstörung. Unsere technisch hochentwickelte Gesellschaft birgt gerade für Heranwachsende der sogenannten Generation Z durch das Suchtpotenzial digitaler Angebote ein gesundheitliches Risiko. Diese Generation Z umfasst die Jugendlichen von heute, die zwischen 1997 und 2012 geboren und vor allem durch die wachsende Digitalisierung geprägt wurden. Durch den erhöhten Medienkonsum und den Zeitvertreib in sozialen Netzwerken laufen diese Digital Natives vor allem Gefahr, den Blick für das Wesentliche im Leben zu verlieren. Ein problematisches Nutzungsverhalten im Sinn einer **C**omputersucht kommt zunehmend häufig vor. Wir werden angezogen von ablenkenden Einflüssen und attraktiven Angeboten, sodass es nicht nur der jüngeren Generation schwer fällt, einen Tagesablauf ohne **H**andynutzung zu gestalten. Durch diese Reizüberflutung und einen schlechten Zugang zu den eigenen Gefühlen und Bedürfnissen kann übergangsweise eine **O**rientierungslosigkeit entstehen, die zu schlechter Stimmung oder innerem Rückzug führen kann, sodass es Ihnen als Eltern schwer fallen mag, Ihr Kind zu erreichen. Das Bedürfnis nach elterlicher Akzeptanz und Nähe steht dem Wunsch nach Loslösung und **U**nabhängigkeit gegenüber. Einige Jugendliche kämpfen im Rahmen der **P**ubertätsentwicklungen täglich mit innerer Zerrissenheit und emotionaler Überforderung. Je mehr Verständnis Sie auch für solche Situationen aufbringen können, desto besser wird es Ihnen gelingen, Ihr Kind aus einer möglicherweise gedrückten Stimmungslage herauszubegleiten und es im Rahmen seiner Möglichkeiten zu bestärken und zu ermutigen. In diesem Ratgeber erfahren Sie einige Anregungen, wie Sie lernen können, im richtigen Maß loszulassen und gleichzeitig Ihrem Kind den nötigen Halt zu geben.

Die Erfolgserlebnisse Ihres Kindes hängen unter anderem davon ab, wie gut es sich fühlt. Vor allem in der Pubertät, einer Zeit, in der Maßstäbe neu gesetzt, Altbekanntes hinterfragt, neue Fähigkeiten etabliert und Charaktereigenschaften erkannt werden, kann die Stimmungslage sehr wechselhaft sein. Der erste **L**iebeskummer erfordert den Umgang mit Selbstzweifeln, Verlustgefühlen und vielleicht auch einer persönlichen Kränkung. Auch **M**obbing in der Schule oder in sozialen Netzwerken kann ein Thema sein, das Ihr Kind ins Abseits drängt. Die Förderung und Nutzung persönlicher

Ressourcen sind jetzt gefragt, um langfristig die **W**iderstandsfähigkeit Ihres Nachwuchses zu verbessern. In diesem Ratgeber werden Ihnen zahlreiche Möglichkeiten vorgestellt, wie Sie Ihr Kind dabei unterstützen können, seine Stärken zu fördern und neue Kompetenzen zu entwickeln. Je mehr Selbstwirksamkeitserfahrungen ein Jugendlicher macht, desto zielstrebiger und zielsicherer kann er seine **Z**ukunft gestalten, da er auf sich und seine Fähigkeiten zu vertrauen gelernt hat und diese nutzbringend und selbstfürsorglich für sich einsetzen kann.

Niemand kennt Ihr Kind besser als Sie, weshalb Sie sein bestmöglicher Begleiter sind.

Am Ende eines jeden Kapitels sind einige Anregungen und Verhaltenstipps aufgeführt, die den oftmals holprigen Weg zur Volljährigkeit erleichtern können und die Persönlichkeitsentwicklung Ihres Kindes fördern. Es ist ein rundum erfüllendes und befriedigendes Erlebnis, wenn aus Ihrem Kind ein selbstständiger, selbstbestimmter, zufriedener und vor allem glücklicher Mensch wird, der seinen Platz in der Gesellschaft gefunden hat. Und auch für die Kinder gibt es laut aktueller Studienerkenntnisse nichts was so glücklich macht, wie gemeinsam verbrachte Zeit innerhalb der **F**amilie und ein guter familiärer Zusammenhalt. Die befragten Kinder sind sich in dem Punkt alle einig: Glücksgefühle treten vor allem da auf, wo Freunde, Familie und ein Gefühl des Sich-Wohlfühlens aufeinander treffen.

Carolina Kattan

Inhaltsverzeichnis

1

A wie Achtsamkeit

Achtsamkeit – ein großes Wort, ein Erfolgskonzept oder nur ein Trend unserer Zeit?

Achtsamkeit bedeutet, sich Selbst und all das, was man im Leben erfährt, mit allen Sinnen bewusst wahrzunehmen und im besten Fall auch zu genießen. Sie ist eine gezielte Form der Aufmerksamkeit, die es uns zu jedem Zeitpunkt ermöglicht wahrzunehmen, wie es uns wirklich geht. Achtsamkeit ist die Hingabe für den Moment, in dem wir auf die eigenen Bedürfnisse und Gefühle fokussiert sind. Diesen Kontakt zu unseren inneren Gefühlen können wir gut herstellen, wenn wir uns die Zeit dafür nehmen, in uns hineinzuhorchen. Das geht in unserer heutigen, digitalen, schnelllebigen Zeit manchmal verloren.

Wenn Sie Ihrem Kind von klein auf vermitteln, Stimmungen wahrzunehmen und Gefühle zu deuten und zu benennen, dann wird es Ihrem Kind in seiner weiteren Entwicklung leichter fallen, die eigenen Bedürfnisse wahrzunehmen und dementsprechend zu handeln. Das erhöht langfristig die Entscheidungsfreudigkeit und macht sie zu zielstrebigen, selbstsicheren und zufriedenen Menschen. Diese Fokussierung auf die Wahrnehmung lässt uns das Leben nicht nur intensiver empfinden, indem sie das Genusserleben steigert, sondern sensibilisiert uns auch dafür, was für unsere Gesundheit unter Umständen eher schädlich ist. Das bewusste Erleben einzelner Situationen und die Bewusstmachung der durch diese Situationen ausgelösten Gefühle ermöglichen es uns nämlich, frühzeitig zu erkennen, dass manche Lebensumstände möglicherweise nicht zuträglich für unser Wohlbefinden sind und den weiteren Lebensweg erschweren können.

© Springer Fachmedien Wiesbaden GmbH, ein Teil von Springer Nature 2020
C. Kattan, *Durch die Pubertät von A bis Z,* https://doi.org/10.1007/978-3-658-28133-5_1

Je klarer Ihr Kind die eigene Gefühlswelt wahrnehmen und benennen kann, desto selbstfürsorglicher kann es in schwierigen Lebenssituationen handeln und sich beispielsweise auch aus ungünstigen Beziehungskonstellationen lösen oder andere gesundheitsschädigende Faktoren meiden. Damit Kinder oder Jugendliche auch in belastenden Situationen einen guten Weg für sich finden, müssen sie zuvor für sich gelernt haben, was zufrieden macht. Damit sie sich lebendig und kraftvoll fühlen, müssen sie erfahren haben, was lebendig und kräftig macht. Damit sie sich eins und stimmig mit sich selbst fühlen, müssen sie ein Konzept davon entwerfen, was ihre Integrität ausmacht.

Wir wünschen uns auch, dass unser Kind einen verantwortungsvollen Blick für seine Umwelt entwickelt, um angemessen auf eine andere Person oder Situation zu reagieren. Je besser Ihr Kind gelernt hat, mit seinen Bedürfnissen und Wünschen in Einklang zu leben, desto authentischer und desto freier wird es sein, da es mit sich selbst im Reinen ist. Wenn Sie Ihrem Kind dabei helfen, diese Selbstsicherheit zu entwickeln, so wird es seine eigenen Gedanken und Gefühle gut wahrnehmen können, sodass es ihm beispielsweise auch leicht fällt, einen eigenen Standpunkt zu vertreten.

Vor allem während der Pubertät wird das Verhalten Ihres Teenagers Ihnen manchmal *spanisch* vorkommen. Auch für Sie ist eine besondere Achtsamkeit in dieser Lebensphase ratsam, um wahrzunehmen, wie sich Ihr Kind in dieser Zeit verändert. Wie denkt es? Wie kleidet es sich? Was erlebt es in der Schule? Welche Konflikte sind besonders belastend? Welche Themen beschäftigen es besonders? Versuchen Sie all dem, was Sie wahrnehmen, möglichst unvoreingenommen zu begegnen und Inhalte nicht zu bewerten, denn egal was Sie darüber denken oder welche Befürchtungen Sie damit verbinden – es ist nur eine Momentaufnahme, die Teil der Entwicklung Ihres Kindes ist. Wichtig ist, dass Sie mit Ihrem Kind immer im Gespräch bleiben und je aufmerksamer Sie seine Entwicklung im Stillen verfolgen, desto besser werden Sie auf ungünstige Einflüsse reagieren können.

Wie häufig nehmen Sie sich im Alltag Zeit, Momente bewusst wahrzunehmen? Was entschleunigt Sie auf eine wohltuend entspannende Weise? Unser Alltag besteht aus etlichen Vorgängen, die weitgehend automatisch und unbewusst ablaufen, wie beispielsweise das Händewaschen und die Flüssigkeitsaufnahme. Wären wir den ganzen Tag lang hundertprozentig aufmerksam und bewusst, dann kann das enorm anstrengend sein, weil alle Sinneseindrücke bewusst verarbeitet werden und die damit zusammenhängenden Gedanken möglicherweise zu viele Emotionen in uns auslösen würden. Auch einige andere Tätigkeiten oder Handlungsabläufe bewerkstelligen wir im Autopilotmodus, was physiologisch sinnvoll ist. Wenn dieser

Modus jedoch die meiste Zeit des Tages vorherrscht, so kann es passieren, dass vieles unbemerkt bleibt und der Tag an uns vorbeizieht, ohne dass wir selbstbestimmt und aktiv an seiner Gestaltung mitgewirkt haben. Aufgrund der vielfältigen Leistungsanforderungen und privaten Verpflichtungen, die an jeden von uns gestellt werden, kann es passieren, dass wir uns permanent gestresst fühlen und durch den Tag hetzen.

Unsere Kinder bekommen den gesellschaftlichen Druck ebenso zu spüren wie wir Erwachsene. Die Anforderungen in Schule und Freizeit können recht hoch sein und der Leistungsanspruch, der an die Kinder gestellt wird, wird von jedem Kind anders wahrgenommen und verarbeitet. Manche Kinder geraten zunehmend unter Stress, wenn sie versuchen, die Erwartungen ihrer Eltern und Lehrer zu erfüllen. Auch die familiäre Situation kann aufgrund von unvorhersehbaren Belastungsfaktoren, Streitigkeiten der Eltern oder anderen Ursachen zum permanenten Stressfaktor für das Kind werden. Das Kind kann sich dann beispielsweise übermäßig verantwortlich fühlen und immer darauf bedacht sein, es allen recht zu machen. Das kann zu einem anhaltenden Überforderungserleben führen, das das Kind für sein weiteres Leben negativ prägt.

Damit sich Ihr Kind in der heutigen, schnelllebigen Zeit nicht im Dauerlauf befindet, ist es wichtig, dass Sie ihm das *Innehalten und Aktiv-Pause-Machen* ebenso vermitteln, wie das Durchhalten auf Durststrecken. Ruhephasen sind in jedem Tagesablauf erforderlich, damit sich die Muskulatur entspannen, die Gedanken im Kopf beruhigen und die Psyche erholen kann. So tanken wir jeden Tag aufs Neue wieder Energie und bleiben leistungsfähig. Lenken wir unsere Konzentration gezielt auf eine entspannende oder motivierende Tätigkeit, so schöpfen wir dadurch wieder neue Energie. Es ist wichtig, dass wir uns auch im Alltag hin und wieder mal etwas gönnen und das fällt uns umso leichter, wenn wir den wohltuenden Effekt schon in der Kindheit erfahren durften. Um im Leben etwas zu erreichen, muss man oftmals hart arbeiten, aber das Leben ist zu kurz, um überwiegend hart zu arbeiten. Eine gute Balance zwischen krafterfordernden und kraftspendenden Tätigkeiten ist dabei sehr wichtig. Werden drohende Erschöpfungszustände aufgrund der ständig anstehenden Aufgaben ignoriert, so kann sich nach einiger Zeit eine psychische Erkrankung entwickeln.

Auch Kinder können schon früh lernen, den Momenten und Begegnungen im Leben eine besondere Beachtung zu schenken, die der Seele gut tun und das Wohlbefinden steigern. Unsere Sinne müssen ebenso geschult werden wie sämtliche andere Fertigkeiten, die ein Kind im Lauf seiner Kindheit und Jugend erlernt. Konzentrieren wir uns auf die Gegenwart, dann können all unsere Sinne im Alltag viel mehr aufnehmen, was unsere Sinneswahrnehmung intensiviert. So wird ein Kind, das beispielsweise schon früh lernt, bewusst Lebensmittel im Supermarkt auszuwählen, diese in Ruhe zuzubereiten und langsam einzunehmen, weniger wahrscheinlich eine Fettleibigkeit entwickeln als solche Kinder, die sich mit wahllos vorgesetzten und lieblos zubereiteten Mahlzeiten oder überwiegend *Fast Food* begnügen müssen.

Achtsamkeit verschafft Ihnen Vorteile in sämtlichen Lebensbereichen und erleichtert Ihnen Ihre Lebensführung und zwischenmenschlichen Beziehungen. Je besser ein heranreifender Mensch lernt, seine Aufmerksamkeit und seine Gedanken zu steuern, desto seltener wird er sich in Gedankenkreisen befinden, in Problemen feststecken oder in Zwickmühlen verweilen. Denn all das ist nur ein Ausdruck von Unbewusstheit. Wer sich der jeweiligen Situation bewusst ist und früh ein Verständnis und ein Bewusstsein für die eigene Person entwickelt, der ist sich seiner *selbst bewusst* und kann umso besser ein stabiles Selbstbewusstsein entwickeln.

Das Leben besteht aus Höhen und Tiefen. Vor allem Rückschläge und Enttäuschungen bedrohen immer wieder das empfindliche Gleichgewicht in unserer Seele. Eine Menge an Selbsterfahrung und Lebenserfahrung ist erforderlich, um dieses Gleichgewicht immer wieder aufs Neue herzustellen. Dafür müssen wir wissen, was unserem Körper und unserer Seele gut tut und welche persönlichen Bedürfnisse erfüllt sein müssen.

Sie können Ihr Kind täglich darin unterstützen, sich selbst besser wahrzunehmen und auf dieses emotionale Gleichgewicht zu achten.

Die Adoleszenz wird auch an Ihren Kräften zehren. Achten Sie jetzt besonders auf Ihre eigene Selbstfürsorge, damit Sie psychisch stabil sind und der Fels in der Brandung bleiben. Gehen Sie Ihren Bedürfnissen nach und üben Sie sich in einer vermehrten Achtsamkeit im Alltag. Sie können das gleich mithilfe der folgenden Achtsamkeitsübungen gemeinsam mit Ihrem Nachwuchs erproben.

1.1   Achtsamkeitsübungen für den Alltag

Tagesrückblick
Wenn Sie abends etwas Zeit während des Abendessens mit Ihrem Kind verbringen oder danach woanders gemütlich zusammen sitzen, dann können Sie Ihrem Kind vorschlagen, dass jeder nochmal kurz in einer abwechselnden Schilderung den Tag *Revue passieren* lässt. Das bietet sich im Rahmen eines Tagesrückblicks besonders gut an.

Regen Sie Ihr Kind an, sich in kleinen Schritten an alles zu erinnern, was es seit dem Erwachen gemacht, gedacht und gefühlt hat.

Was war besonders schön an dem heutigen Tag? Was hat besonders gut geklappt? Was war weniger erfreulich? Was sollte morgen besser laufen?

Sie könnten damit beginnen, indem Sie den Tag aus Ihrer Perspektive schildern und einen Fokus auf Ihre persönlichen Erfolge, Gefühle oder auch Ärgernisse richten. Das ist eine schöne Übung, die wenig Zeit in Anspruch nimmt, das Bewusstsein für die Geschehnisse eines Tages stärkt, die Gefühlswahrnehmung verbessert und Sie etwas über das Leben und die Erlebnisse anderer Familienmitglieder erfahren lässt.

Wohlfühlcheck

Was würde uns in der nächsten Woche besonders gut tun?

Manchmal hetzen wir durch den Alltag und unsere Kinder mit uns. Aktiv Pause zu machen und innezuhalten haben wir oft verlernt oder wir übergehen das Bedürfnis nach Ruhe und Entspannung, da immer irgendeine Erledigung oder ein anderer Termin anstehen.

Überlegen Sie gemeinsam mit den anderen Familienmitgliedern am Wochenende, welche Dinge, Aktivitäten oder Entspannungsmomente in der nächsten Woche fest eingeplant werden sollten, damit Sie und Ihr Kind sich psychisch ausgeglichen fühlen.

Welche Termine und Verpflichtungen müssen eingehalten werden und gibt es vielleicht auch Pläne, die abgesagt werden sollten, um den Alltag etwas zu entzerren? Diese Überlegungen können Sie jede Woche von Neuem anstellen und von dem Effekt gemeinsam profitieren.

Bewusst essen

Die Empfehlung, sich Zeit für den Verzehr jeglicher Nahrung zu nehmen, dabei ruhig zu sitzen und sich im besten Fall auch nur auf das Essen zu konzentrieren, ist nicht neu. Dennoch schaufeln oder schlingen viele Menschen die im Verlauf des Tages eingenommene Nahrung aus Zeitdruck, Unachtsamkeit oder Gewohnheit in sich hinein, ohne den Geschmack, den Kauvorgang, die Magenfüllung oder das sich einstellende Sättigungsgefühl wahrzunehmen.

Laden Sie Ihr Kind ein, möglichst langsam und bewusst gemeinsam mit Ihnen zu essen. Wonach schmecken die einzelnen Lebensmittel? Was ist eher süß, was salzig, was undefinierbar? Wie ist die Konsistenz? Schmeckt es nach längerem Kauen anders? Diese Übung müssen Sie nicht täglich durchführen, aber es ist eine wertvolle Erfahrung, beim Essen alle Sinne bewusst zu beteiligen, was nicht nur das Genusserleben verstärkt, sondern auch ein Bewusstsein für gut schmeckende und bewusst ausgewählte Nahrungsmittel entstehen lässt und Fettleibigkeit vorbeugt.

Freudentagebuch

In einem Freudentagebuch werden all die Momente oder Begegnungen stichpunktartig schriftlich festgehalten, die an dem jeweiligen Tag etwas in uns bewegt haben oder für die wir besonders dankbar sind. Das können zwischenmenschliche Begegnungen sein, die uns besonders gut getan haben; Komplimente; gutes Essen; ein erfolgreiches Projekt; sportliche Erfolge; schönes Wetter; nette Gespräche und unzählige andere Dinge, die unser Herz bewegt haben. Es können auch Handlungen oder Worte sein, mit denen wir anderen Menschen eine sichtliche Freude bereitet haben. Das Bewusstmachen solcher Situationen und das Wiedererleben der damit zusammenhängenden Gefühle beim Aufschreiben fördert unsere Wahrnehmung und lässt uns in der Regel auch dankbarer und wertschätzender mit den kleinen Glücksmomenten im Leben umgehen. Im Alltag wird vieles schnell selbstverständlich, sodass wir die Momente, die unserer Seele Flügel verleihen können, schnell übergehen.

Das Freudentagebuch ist auch eine besonders schöne Übung für Jugendliche, die vielleicht keine Lust haben, jeden Abend Tagebuch zu führen, dafür aber in einem Notizbuch in der Hosen- oder Handtasche freudige Momente notieren wollen. Sich daran später einmal zu erinnern, stärkt nicht nur die Selbstwahrnehmung, sondern vor allem das Selbstbewusstsein, da die meisten positiven Momente auch etwas mit uns selbst und unserem eigenen Handeln zu tun haben. Wir nehmen bewusst wahr, welchen Anteil wir an unserer Umwelt und unseren Lebensumständen haben.

Probieren Sie es doch selbst einmal aus.

2

B wie Beziehungen

Für viele Menschen haben Familie und Freunde den höchsten Stellenwert im Leben. Sie sehen den Sinn des Lebens unter anderem darin, immer wieder neue, wohltuende Beziehungen einzugehen, sich füreinander zu engagieren oder einfach nur gemeinsam eine gute Zeit mit ihren Lieblingsmenschen zu verbringen. Umfragen und Studien zufolge ist der Aufbau und das Fortbestehen vertrauensvoller Beziehungen in der Regel einer der wichtigsten Faktoren für die allgemeine Lebenszufriedenheit und das Glücksempfinden eines jeden Menschen.

Ob es nun unsere Kinder sind, für die wir ein Leben lang da sein wollen, oder unsere besten Freunde, die in guten und in schlechten Zeiten mit Rat und Tat an unserer Seite stehen: Unsere Beziehungen entscheiden darüber, wie gut wir uns in dieser Welt verwurzelt fühlen und welches Grundgefühl uns auf unserem Lebensweg begleitet. Wir setzen uns selbst in Relation zu unserer Umwelt und vor allem unserem direkten Umfeld. Schon früh kann es passieren, dass wir mit der frustrierenden Erfahrung konfrontiert werden, dass Lebenssituationen und situativ bedingte Glücksgefühle vergänglich sind. Wichtige zwischenmenschliche Beziehungen, vor allem Freundschaften, überdauern häufig länger und lassen uns ein Gespür dafür entwickeln, wofür es sich lohnt, im Leben zu kämpfen.

Die Beziehungserfahrungen, die ein Baby und Kleinkind in den frühen Entwicklungsphasen macht, bilden das emotionale Fundament, mit dem es zukünftig durch das Leben gehen wird. Ohne das Vorhandensein von liebevollen, erfüllenden, verlässlichen Bindungserfahrungen würden sich unsere Kinder nicht zu kommunikativen, liebenswerten, verantwortungsbewussten und glücklichen Menschen entwickeln können und unsere Welt würde

© Springer Fachmedien Wiesbaden GmbH, ein Teil von Springer Nature 2020
C. Kattan, *Durch die Pubertät von A bis Z,* https://doi.org/10.1007/978-3-658-28133-5_2

früher oder später zugrunde gehen. Um Beziehungen eingehen zu können, müssen wir einander vertrauen. Dieses Vertrauen entsteht in ganz früher Kindheit durch die Beziehungen und die emotionalen Bindungen zu festen Bezugspersonen, meist den Eltern. Vor allem in den ersten Lebensmonaten ist der Säugling besonders verwundbar und irritierbar, weshalb eine verlässliche, immer verfügbare Bezugsperson ein unverzichtbarer Bestandteil einer sicheren Bindungserfahrung ist. So kann das Baby Urvertrauen entwickeln, was die Grundvoraussetzung für seine Beziehungsgestaltung im weiteren Leben ist.

Zwischenmenschliche Beziehungen werden ein Leben lang der wichtigste Baustein für ein glückliches Leben für Ihr Kind sein. Gute Freunde oder Familienmitglieder sind meist die offensten und ehrlichsten Gesprächspartner. Sie regen zur Selbstreflexion an und helfen uns auch in schwierigen Situationen, Dinge richtig einzuordnen. In Krisenzeiten sind es diese konstanten Begleiter, die uns emotional tragen und psychisch aufbauen können. Je leichter es Ihrem Kind fällt, Beziehungen aufzubauen und aufrechtzuerhalten, desto besser wird es sich *sozial verankern können* und sich in problematischen Lebenssituationen anderen Menschen anvertrauen und um Hilfe bitten können.

Vor allem in den Lebensphasen, in denen Sie möglicherweise keinen so guten Kontakt zu Ihrem Sprössling haben, können gute Freunde ein Segen für Ihr Kind sein. Während der Pubertät gibt es eigentlich nichts Wichtigeres für die Jugendlichen, als die Zugehörigkeit zu einer Clique, der Klassengemeinschaft oder einer anderen Peergroup. Damit ist eine Gruppe von Menschen mit gemeinsamen Interessen, Alter, Herkunft oder sozialem Status gemeint, die dem Einzelnen aufgrund der wechselseitigen Beziehungen als Orientierung dient. Es geht jetzt für die Jugendlichen vorwiegend um die Anerkennung durch Gleichaltrige und Freunde; die Meinung der Familienmitglieder scheint nicht mehr so wichtig zu sein.

Je nachdem wie dieser Kontakt zur Peergroup oder einzelnen Freunden aussieht, kann das für manche Eltern Grund zur Sorge bedeuten. Auch erste Liebesbeziehungen missfallen Ihnen womöglich, da Sie den oder die Auserwählte Ihres Kindes nicht für passend halten. Mit Verboten, Diskussionen oder negativen Kommentaren werden Sie vermutlich eher nicht weiterkommen. Leben Sie Ihrem Kind lieber das vor, was eine liebevolle, wohltuende und befriedigende Beziehung ausmacht, oder erzählen ihm von einer Partnerschaft, die von Respekt und gegenseitiger persönlicher Bereicherung getragen ist.

Manchmal hegen wir eine gewisse Antipathie gegen einzelne Personen, ohne genau zu wissen, warum das so ist. Das kann mit unseren eigenen Erfahrungen zusammenhängen oder mit irgendeinem bestimmten Verhalten oder Aussehen der betreffenden Person, die etwas in uns auslösen. Wenn wir nicht weiter darüber nachdenken, dann kann uns diese Person dadurch unsympathisch sein. Wenn Sie ein schlechtes Bauchgefühl haben, dann hat das oftmals seine Berechtigung, hilft Ihnen persönlich aber wenig weiter. Möchten Sie hingegen Ihren Nachwuchs argumentativ erreichen, so sollten Sie sich konkret Gedanken darüber machen, welche objektiven, kritikwürdigen Verhaltensweisen die Person zeigt, die Sie innerlich ablehnen. Das bewahrt Sie davor, vorschnell zu urteilen und einen Keil zwischen Sie und Ihr Kind zu treiben, das vorerst immer den neuen Freund oder die neue Freundin verteidigen wird. Ihr Kind wird seine eigenen Erfahrungen machen wollen und das ist auch gut so, denn so kann es für sich am ehesten daraus lernen.

Wenn Sie sich jedoch beispielsweise in Ihrer eigenen Privatsphäre gestört fühlen, weil Ihr Teenager ohne vorherige Absprache unbekannte Gestalten nach Hause eingeladen hat, dann bestehen Sie auf Einhaltung Ihrer Hausregeln. Gemeinsam getroffene Vereinbarungen sollten sowohl individuelle Freiräume bieten, als auch die Bedürfnisse aller anderen Familienmitglieder berücksichtigen. Den Umgang mit besorgniserregenden Bekanntschaften oder unsympathischen Klassenkameraden werden Sie nicht verbieten können. Aber Sie können sich selbst treu bleiben, Ihren Missmut äußern und mögliche Bedenken in einem passenden Gesprächsmoment anbringen. Versuchen Sie besser gar nicht erst, zu scharfe Kritik zu üben, die Ausgangszeiten zu kürzen oder den Kontakt über Verbote anderweitig steuern zu wollen; das wird nur die Abwehr- und Trotzreaktion verstärken und Ihren Sprössling noch weiter von Ihnen wegtreiben.

Einige Verhaltenstipps

* Vermitteln Sie Ihrem Kind, wie man Freundschaften pflegt und sich für andere einsetzen kann. Sprechen Sie darüber, welchen Wert gute Beziehungen für Sie haben und wie erfüllend die Zeit sein kann, die Sie mit guten Gesprächen unter Freunden verbringen.
* Vertrauen Sie Ihrem Kind, dass es die richtigen Freunde findet und diese bewusst ausgewählt hat.
* Interessieren Sie sich für die Bezugspersonen und Bekanntschaften Ihres Kindes und fragen Sie nach, was die jeweilige Freundschaft ausmacht.

* Wenn eine Kontaktperson zum Streitthema innerhalb der Familie wurde, so zeigen Sie sich dennoch immer wieder gesprächsbereit und interessiert an Kompromissen. Den allergrößten Einfluss haben Sie bei diesem Thema immer noch über Ihre eigene Beziehung zu Ihrem Kind.
* Im Hinblick auf die weiteren Beziehungsgestaltungen Ihres Kindes werden Sie unbewusst immer sein größtes Vorbild sein, auch wenn das in der Pubertät nicht den Anschein erwecken mag.

3

C wie Computersucht

Die Diagnose *Gaming Disorder* wurde von der Weltgesundheitsorganisation (WHO) am 18. Juni 2019 in den Entwurf des überarbeiteten Diagnosesystems von Erkrankungen (ICD-11) aufgenommen. Dieses Register umfasst 55.000 Krankheiten, Symptome und Verletzungsursachen. Mit Begriffen wie Computerspielabhängigkeit, pathologischer Internetgebrauch und Internetsucht werden Verhaltensweisen bezeichnet, die viele allgemeine Merkmale von Sucht oder Abhängigkeit aufweisen und nun als eigenständige, behandlungsbedürftige Erkrankungen anerkannt sind. Sie werden den Verhaltenssüchten zugerechnet. Eine zunehmende Vergabe dieser Diagnosen wird in Zukunft sehr wahrscheinlich sein, zumal rund 85 % aller Haushalte einen oder mehrere Computer besitzen und einen Breitbandinternetanschluss mehrere Stunden täglich nutzen.

Der Datenerhebung einer Drogenaffinitätsstudie der Bundeszentrale für gesundheitliche Aufklärung (BZgA) aus dem Jahr 2015 zufolge, war bei 5,8 % aller 12- bis 17-Jährigen von einer Computerspiel- oder Internetabhängigkeit auszugehen. Weibliche Jugendliche waren in dem genannten Alter mit 7,1 % sogar noch stärker betroffen. Im Alter zwischen 18 und 25 Jahren war die Internet- und Computerspielabhängigkeit etwas geringer verbreitet. Bildungsmerkmale und der Sozialstatus spielen laut dieser Studie bei der Verbreitung der Internetabhängigkeit unter Jugendlichen und jungen Erwachsenen eine Rolle.

Betroffene fühlen sich gedanklich nicht mehr frei, da sie das Gefühl haben, die Geschehnisse im Internet oder in den sozialen Medien immer wieder verfolgen zu müssen. Vor allem bei den beliebten Online- und

© Springer Fachmedien Wiesbaden GmbH, ein Teil von Springer Nature 2020
C. Kattan, *Durch die Pubertät von A bis Z*, https://doi.org/10.1007/978-3-658-28133-5_3

Videospielen gibt es „immer etwas zu tun". Besonders attraktiv wirken Massively Multiplayer Online Role-Playing Games (MMORPG). Das sind Spiele, bei denen man allein oder in Gruppen Aufgaben bewältigen muss und immer wieder neue Abenteuer durchlebt. Je mehr *Anbindungsfaktoren* wie beispielsweise eine unendliche Spieldauer oder eine Vernetzung mehrerer Spieler untereinander erforderlich sind, desto beliebter sind diese Spiele und desto größer ist auch die Gefahr einer exzessiven Nutzung.

Die dabei eingesetzten fiktiven Belohnungssysteme und die Anerkennung der Mitspieler wirken sich zwar wohltuend auf das eigene Befinden aus, bewirken aber keine wirkliche Stärkung des Selbstwertgefühls. Jeder erfolgreiche Spielzug bewirkt die Ausschüttung des Botenstoffs Dopamin, der ein flüchtiges Glücksgefühl verursacht. Da relativ schnell ein Gewöhnungseffekt auftritt, verbringen die Spieler zunehmend mehr Zeit mit dem Spiel, um diesem Gefühl hinterherzujagen. Der Rückzug aus dem realen Leben wird dadurch leider nur verstärkt. Eine Studie des kriminologischen Forschungsinstituts in Niedersachsen ergab, dass Jugendliche, die beispielsweise eines der bekanntesten Spiele (World of Warkraft) nutzen, sich täglich 3,9 h mit diesem Spiel beschäftigten. Wird den Spielern der Zugang zum Internet aus irgendwelchen Gründen verwehrt oder eingeschränkt, fühlen sie sich häufig gereizt und innerlich unruhig. Andere wichtige Lebensaufgaben, die Schule oder Freizeitaktivitäten werden zunehmend zugunsten von Computerspielzeiten vernachlässigt. Laut Studienangaben der Bundeszentrale für gesundheitliche Aufklärung spielen etwa 80 % der 12- bis 17-Jährigen Offline-Spiele und 60 % Online-Spiele. Wissen Sie, wie häufig Ihr Kind spielt?

Auch eine permanente, zwanghafte Informationssuche auf beispielsweise *Spiegel Online* in jeder freien Minute, kann eine Ausprägungsform einer solchen Internetsucht sein. Betroffene verlieren die Kontrolle über ihr eigenes Nutzungsverhalten und verbringen somit zunehmend mehr Zeit vor dem Bildschirm und ignorieren alle damit zusammenhängenden negativen Konsequenzen. Wenn Freunde, Familie, Schule, Studium oder Beruf stark vernachlässigt werden, weil die Betroffenen ihre Lebenszeit vorrangig mit dem Computer verbringen, dann gelten sie als süchtig.

Das pathologische Glücksspiel ist eine weitere Form spielsüchtigen Verhaltens, das schon länger als psychische Erkrankung anerkannt ist. Hohe finanzielle Verluste, Abhängigkeit, Konflikte in der Familie, Vernachlässigung des Berufslebens und eine starke emotionale Belastung gefährden nicht selten nach kurzer Zeit die finanzielle und gesellschaftliche Existenz. Insgesamt ist die Glücksspielteilnahme in den letzten zehn Jahren zwar zurückgegangen, es konnte jedoch ein leichter Anstieg des problematischen Glücksspielverhaltens bei den 16- und 17-jährigen Jungen verzeichnet werden.

Häufig verstecken sich andere Probleme wie Depressionen, soziale Ängste oder andere psychische Erkrankungen hinter der Realitätsflucht, sodass nicht nur das Spielverhalten beurteilt werden sollte. Um den Problemen der Betroffenen und Angehörigen gerecht zu werden, ist eine kritische Betrachtung möglicher Ursachen erforderlich. Der Weg in die Sucht geschieht nicht plötzlich, sondern ist meist ein schleichender Prozess. Verschiedene Faktoren spielen dafür eine Rolle. Einer der häufigsten Gründe ist der Versuch, durch Ablenkung am Computer den empfundenen Alltagsstress zu reduzieren. Frustrationen über schulische Misserfolge oder persönliche Unsicherheiten vor allem im Sozialkontakt verursachen inneren Stress, der beim PC-Spielen kurzzeitig verdrängt werden kann. In der Online-Welt kann man sich unbeschwert, anonym und mithilfe einer *Online-Persönlichkeit* oder einer *Spielidentität* bewegen, während die realen Probleme sich summieren.

Für die Entstehung einer Sucht spielt auch die Persönlichkeit eine entscheidende Rolle. So sind Jugendliche, die eher zu einer depressiven Stimmungslage neigen oder unter sozialen Ängsten leiden, anfälliger dafür, ein suchtartiges Verhalten zu entwickeln. Ebenso gefährdet sind Jugendliche, die eine diagnostizierte Aufmerksamkeitsdefizitstörung haben oder Menschen mit einem gering ausgeprägten Selbstwertgefühl und wenig realen Sozialkontakten. Sie machen sich unbewusst abhängig von den Kommentaren und Bewertungen ihrer Online-Bekanntschaften und leiden in der Folge auch besonders unter negativem Feedback der anderen Nutzer.

Ein lösungsorientierter, gesundheitsfördernder Ansatz sollte mit der Lebensrealität der Jugendlichen vereinbar sein, denn ein Leben ohne Internet ist heutzutage nicht mehr denkbar. Auch wenn Sie als Eltern manchmal besorgt sind über das Nutzungsverhalten oder stundenlanges *Zocken* Ihres Kindes, so ist die Dauer der bloßen Spielzeit kein Diagnosekriterium. Untenstehend sind drei Kernsymptome nach dem internationalen Klassifikationssystem ICD-11 aufgeführt, die Sie aufmerksam werden lassen sollten. Wenn diese Symptome über einen Zeitraum von einem Jahr fortbestehen, dann ist von einer behandlungsbedürftigen Erkrankung auszugehen:

* **Ein Kontrollverlust über das Spielverhalten:** Dazu zählt beispielsweise, dass Personen nicht aufhören zu spielen, selbst wenn sie einen wichtigen Termin haben oder in völlig unangebrachten Kontexten spielen (in der Schule, beim Essen oder während der Nacht).

* **Eine wachsende Priorität des Spielens vor anderen Interessen:** Sozialer Rückzug und Abschottung von anderen Personen kann vermehrt vorkommen.
* **Eine Eskalation des Spielverhaltens trotz negativer Konsequenzen:** Das bedeutet, dass Personen auch dann weiterspielen, wenn es zu Problemen in einem oder mehreren Lebensbereichen kommt oder wenn das Spielen zu einem persönlichen Leidensdruck führt.

Sie können viel für die Prävention von Suchtverhalten tun. Versuchen Sie im Rahmen eines vertrauensvollen Gesprächs mit Ihrem Kind gemeinsame Nutzungsvereinbarungen zu treffen, wie und wann der Computer oder das Smartphone genutzt werden können. Helfen Sie Ihrem Kind dabei, selbst Lösungen für eine übermäßige Nutzung zu formulieren und überlegen Sie gemeinsam, wie die vereinbarten Regelungen am besten einzuhalten sind. Die goldene Regel lautet: Beobachtend begleiten ist besser als verbieten.

Einige Verhaltenstipps

* Besprechen Sie, wann Medienzeit ist, beziehungsweise welche festen Offline-Zeiten es gibt. Verdeutlichen Sie Ihrem Kind, dass kein anderer Lebensbereich wie Schule, Freunde, Familie, Freizeitaktivitäten oder andere wichtige Termine vernachlässigt werden sollten.
* Die Nutzung des Smartphones sollte getrennt von der Computernutzung vereinbart werden und vor allem das Handy während der Nacht außerhalb des Kinderzimmers abgelegt werden, damit ein gesunder Nachtschlaf ermöglicht wird (siehe Kap. 8).
* Besprechen Sie auch Ausnahmen von der Regel (Wochenende oder im Urlaub) und welche Konsequenzen folgen, wenn die Regeln nicht eingehalten werden.
* Wenn Online-Spiele gespielt werden, sprechen Sie mit Ihrem Kind über die Inhalte des Spiels und die Angaben für die Altersfreigabe. Fragen Sie mal nett nach, ob Sie eine Runde mitspielen dürfen und erzählen vielleicht von den Spielen aus Ihrer Jugendzeit.
* Auch die Apps, die auf ein Smartphone runter geladen werden, haben eine Altersbeschränkung.
* Bei Youtube und bei der Google-Suchmaschine gibt es die Möglichkeit, auf den im Haushalt verfügbaren Endgeräten Jugendschutzeinstellungen vorzunehmen.

- Kontrollieren Sie nicht ungefragt die Schultasche, das Handy oder den Rechner. Das zerstört das Vertrauen und kann eine Schamgrenze überschreiten, was Ihr Verhältnis dauerhaft schädigen kann.
- Interessieren Sie sich dafür, wie viel Zeit Ihr Kind mit dem Computer außerhalb der Familie, in seiner Freizeit und bei Freunden verbringt.
- Nehmen Sie sich Zeit für Ihr Kind und zeigen Sie ihm, das Sie Interesse an gemeinsamen Unternehmungen haben und die Zeit des Computerspielens auch wunderbar anderweitig gestaltet werden kann.

Sollten Sie zu dem Schluss gekommen sein, dass Ihr Kind zu viel Zeit am Computer verbringt und Hilfe braucht, so können Sie sich an eine Suchtberatungsstelle wenden und auf Wunsch eine kostenlose und anonyme Beratung erhalten. Dort findet auch eine Vermittlung in weitere Hilfsangebote wie beispielsweise eine ambulante Suchttherapie oder Selbsthilfegruppe statt. Reicht das ambulante Angebot aufgrund der Ausprägung der Computersucht oder aus anderen Gründen nicht aus, so kann auch ein Antrag auf eine stationäre Suchtbehandlung in einer dafür spezialisierten Klinik gestellt werden. Zögern Sie nicht, Ihren Kinder- und Jugendarzt darauf anzusprechen.

Weitere Informationen und Hilfsangebote
Eine Liste von Suchtberatungsstellen und anderen darauf spezialisierten Kliniken finden Sie unter:

> www.ins-netz-gehen.de/lass-dir-helfen/hilfs-und-beratungsangebote-vor-ort
> https://erstehilfe-internetsucht.de/
> http://www.medien-sucht.de/
> https://www.multiplikatoren.ins-netz-gehen.de/
> https://www.klicksafe.de
> https://www.bzga.de/infomaterialien/suchtvorbeugung/computerspiele-find-ich-toll-wo-ist-das-problem/
> http://www.fv-medienabhaengigkeit.de/91.html

4

D wie Depressionen

Dieses Thema betrifft jeden fünften Menschen im Lauf seines Lebens. Depressionen sind die Volkskrankheit Nummer Eins. Die Weltgesundheitsorganisation schätzt die Zahl der Menschen mit Depressionen in Deutschland auf über vier Millionen. Auch bei Kindern und Jugendlichen gehören leichte depressive Verstimmung und auch schwere depressive Störungen zu den häufigsten psychischen Erkrankungen. Laut aktueller Angaben erkranken 3–10 % aller Jugendlichen zwischen 12 und 17 Jahren an einer Depression. Das ist eine große Anzahl und leider treten depressive Symptome häufig zusammen mit weiteren psychischen Erkrankungen, wie beispielsweise Angststörungen oder ADHS auf. Es liegt somit oftmals ein Mischbild vor, sodass das Leiden der Betroffenen nicht sofort erkannt wird.

Hinzu kommt erschwerend, dass im Rahmen einer normalen jugendlichen Entwicklung vor allem in der Pubertät vorübergehend depressive Symptome auftreten können, ohne dass ein Krankheitswert vorliegt. Vermehrtes Grübeln, Selbstzweifel und Unzufriedenheit mit dem eigenen Körper sind natürliche Merkmale einer sich vollziehenden Persönlichkeitsentwicklung. Ebenso können gelangweiltes Auftreten, Lustlosigkeit und Antriebsarmut phasenweise dazu führen, dass vermehrtes Musikhören oder PC-Spielen dem Lernen vorgezogen werden. Auch das vermehrte Auftreten von Stimmungsschwankungen ist unter anderem durch Veränderungen im Hormonhaushalt, Hirnreifungsprozesse und die täglich anstehenden, neuen Anforderungen erklärbar.

Als Eltern sollten Sie möglichst bewusst mit solchen Symptomen umgehen. Das bedeutet, dass Sie sie wahrnehmen, beobachten und vor allem gelassen bleiben. Halten diese Phasen bei Ihrem Kind über mehrere

© Springer Fachmedien Wiesbaden GmbH, ein Teil von Springer Nature 2020
C. Kattan, *Durch die Pubertät von A bis Z,* https://doi.org/10.1007/978-3-658-28133-5_4

Wochen an, ohne dass Sie eine positive Entwicklung beobachten können oder Sie Ihr Kind zunehmend schlechter einschätzen und verbal erreichen können, sollten Sie sich an einen Arzt oder Kinder- und Jugendpsychologen wenden. Es gelten dieselben Diagnosekriterien wie bei Erwachsenen, jedoch kann vor allem bei jüngeren Kindern das Erscheinungsbild einer behandlungsbedürftigen Erkrankung sehr vielfältig sein. Gereiztes und aufsässiges Verhalten können ebenso auftreten wie eine vermehrte Schweigsamkeit und emotionaler Rückzug. Auch psychosomatische Beschwerden wie vermehrte Kopf- oder Bauchschmerzen und ein ungewollter Gewichtsverlust können Vorboten oder Begleiter sein.

Die Ursachen für die Entwicklung einer stark gedrückten Stimmung sind oftmals vielfältig. Ganz häufig sind es jedoch Selbstzweifel, Versagensängste aufgrund eines verminderten Selbstvertrauens und Überforderungsgefühle, die eine Negativspirale in Gang setzen. Das Gefühl, den Anforderungen in der Schule oder der Familie nicht gerecht zu werden, baut bei den Jugendlichen einen großen Druck auf, mit dem kein konstruktiver Umgang gefunden wird, da den Betroffenen die nötigen Bewältigungsmechanismen noch fehlen oder ungünstige Denkmuster vorherrschen. Das kann zu Konzentrationsstörungen, Schlafstörungen, Leistungseinbrüchen und vermehrter Lustlosigkeit führen. Tageszeitliche Stimmungsschwankungen und eine generelle Stimmungsanfälligkeit sind typische Symptome.

Um unangenehmen Fragen aus dem Weg zu gehen oder auch aus dem Grund, dass die Kinder oder Jugendlichen selbst mit dieser Veränderung nicht umzugehen wissen, kann es zu einem vermehrten sozialen Rückzug kommen, der die Gefahr einer kompletten Isolation mit sich bringt. Wenn das Überforderungserleben und die situativ auftretenden Ohnmachtsgefühle so übermächtig erlebt werden, dass der Betroffene keinen Ausweg sieht, dann kann das auch in Suizidgedanken Ausdruck finden. Suizidgedanken zu haben bedeutet nicht, dass Ihr Kind besonders krank ist, sondern sind ein sehr ernst zu nehmendes Symptom, das bei einer Depression typischerweise auftreten kann. Jede Aussage in diese Richtung sollte jedoch hundertprozentig ernst genommen werden, da es ein Aufschrei der Verzweiflung ist, der aussagt, wie sehr sich die betroffene Person gefühlsmäßig überfordert fühlt. Bei Jugendlichen, die unter einer Depression leiden, besteht ein bis zu 20-fach erhöhtes Risiko für suizidales Verhalten. Damit sind Selbsttötungsversuche und der vollzogene Freitod gemeint. Bei Mädchen und jungen Frauen werden vermehrt Suizidversuche gesehen, bei Jungen dreimal häufiger vollzogene Suizide. Als Risikofaktoren werden negative Lebensereignisse, frühere Suizidversuche und Erfahrung mit diesem Thema im Familien- oder Freundeskreis genannt. Scheuen Sie nicht davor zurück, Ihr Kind darauf anzusprechen, so vernichtend und belastend diese Vorstellung für Sie als Eltern auch sein mag. So haben Sie die besten Chancen Ihr Kind aus dem Dilemma herauszubegleiten und mit ihm einen Weg zu erarbeiten, der wieder Hoffnung und Freude in die Familie bringt.

Es gibt verschiedene Behandlungsangebote, wobei oftmals eine ambulante Behandlung ausreichend ist. Diese kann im Rahmen einer Psychotherapie unter Einbeziehung der Familie oder weiterer Bezugspersonen erfolgen. Familientherapeutische Interventionen wie eine Aufstellung oder eine gezielte Familientherapie sind ebenfalls ergänzend möglich. Ein wesentlicher Bestandteil der Behandlung ist eine Aufklärung des Kindes oder des Jugendlichen über seine Erkrankung sowie eine gezielte, krankheitsbezogene Beratung der Eltern. In einigen Fällen gibt es eine familiäre Belastung, was bedeutet, dass depressive Erkrankungen im Familienstammbaum vermehrt auftreten. Häufig sind es jedoch unerwartete Lebensumstände, belastende Erfahrungen oder Versagens- und Verlustängste, die zu einer depressiven Stimmungslage führen. Das Auftreten von Depressionen bei einem Familienmitglied stellt für die gesamte Familie eine starke Belastung dar und kann unter gewissen Umständen das familiäre System schwächen. Es scheint wenig sinnvoll zu sein, dass Sie selbst versuchen, Ihr Kind zu therapieren, denn das kann Schuldgefühle fördern und zu einer Verschlimmerung der Symptomatik führen. Was Sie jedoch immer wieder ansprechen sollten ist, dass Sie jeder Zeit Ihre Hilfe anbieten, an gemeinsamen Freizeitaktivitäten interessiert sind und gemeinsam mit Ihrem Kind eine Lösung finden wollen. Sie können versuchen zu vermitteln, dass man durch positives Denken und einen Perspektivwechsel einer miesen Stimmung entgegenwirken kann und sich dadurch das psychische und körperliche Befinden verbessert. Eine antidepressive Denkweise, das Finden konkreter Lösungsansätze, zukunftsorientierte Pläne, körperliche Aktivitäten und andere gesundheitsfördernde Verhaltensweisen können Sie Ihrem Kind täglich vorleben.

Einige Verhaltenstipps

* Bewahren Sie selbst erst einmal Ruhe und lassen Sie Ihr Kind Ihre Sorgen über sein Verhalten nicht so sehr spüren, denn das führt zu einer weiteren psychischen Belastung, was den Gesamtzustand noch verschlechtern kann.
* Motivieren Sie es zu gemeinsamen sportlichen Aktivitäten und bestärken es in dem, was im Alltag noch gut funktioniert.
* Schauen Sie nicht auf das, was es momentan nicht leisten kann.

- Helfen Sie Ihrem Kind, seine Selbstheilungskräfte zu mobilisieren. Ihr Kind ist in einer schwierigen Entwicklungsphase. Es muss lernen, sich rundum anzunehmen, mit all seinen Defiziten, seinen Sonnen- und Schattenseiten.
- Ein selbstfürsorgliches und eigenverantwortliches Handeln muss erst erlernt werden. Genau das bleibt bei einer Depression erst einmal auf der Strecke. Gehen Sie als gutes Vorbild voraus.
- Sie können Ihr Kind bei der Wahrnehmung der eigenen Bedürfnisse unterstützen. Was braucht Ihr Kind, um sich wieder besser zu fühlen?
- Erklärt sich Ihr Kind bereit, therapeutische Hilfe in Anspruch zu nehmen, überlassen Sie ihm die Auswahl des Therapeuten oder der Therapeutin.

Weitere Informationen und Hilfsangebote

https://www.deutsche-depressionshilfe.de/depression-infos-und-hilfe/
depression-in-verschiedenen-facetten/depression-im-kindes-und-jugend-
alter
https://www.patienten-information.de/kurzinformationen/psychische-er-
krankungen/depression-ratgeber-fuer-angehoerige
https://www.irrsinnig-menschlich.de/hilfe/suizid/
http://www.telefonseelsorge.de
https://www.psychotherapiesuche.de/

5

E wie Essstörungen

Essstörungen werden vor allem, wenn es sich um eine Magersucht handelt, in der Familie häufig nicht thematisiert oder verdrängt, da sie als besonders unangenehm empfunden werden. Zum einen sieht das Umfeld der Familie früher oder später, dass etwas „mit dem Kind nicht stimmt" und zum Anderen kann sich daraus eine hartnäckige, langwierige Erkrankung entwickeln, die die gesamte Familie stark belastet. Bei 20 % aller Kinder und Jugendlichen im Alter zwischen 11 und 17 Jahren kommen Symptome gestörten Essverhaltens vor, wobei Mädchen fast doppelt so häufig betroffen sind wie Jungen. Mit steigendem Alter nehmen die Hinweise auf eine mögliche Essstörung bei Jungen ab, wohingegen sie bei Mädchen auf bis zu 30 % zunehmen. Viele dieser Kinder finden sich auch bei normalem Körpergewicht einfach zu dick, häufig kommen aber auch noch andere psychische Auffälligkeiten, wie eine vermehrte Ängstlichkeit oder Depressionen, begleitend vor. Es kann zu einer Störung des Körperselbstbilds kommen, das zu einer veränderten subjektiven Wahrnehmung der Körperproportionen und des Körpergewichts führt.

Ein gesteigertes Risiko für die Entwicklung einer relevanten Störung des Essverhaltens konnte vor allem bei einem niedrigen Sozialstatus, Kindern mit Migrationshintergrund, länger bestehenden familiären Konflikten sowie bei einer geringen sozialen Unterstützung durch die Eltern oder fehlendem Rückhalt durch Gleichaltrige gesehen werden. Schätzungen gehen davon aus, dass zwar nur ungefähr ein Prozent aller Jugendlichen und jungen Erwachsenen von einer Essstörung betroffen ist, aber es erscheint dennoch sinnvoll darüber informiert zu sein, um Alarmsymptome frühzeitig wahrzunehmen und

© Springer Fachmedien Wiesbaden GmbH, ein Teil von Springer Nature 2020
C. Kattan, *Durch die Pubertät von A bis Z*, https://doi.org/10.1007/978-3-658-28133-5_5

helfend intervenieren zu können. Eine Magersucht beginnt meist im frühen Jugendalter beziehungsweise während der Pubertät, aber auch im jungen Erwachsenenalter und hat eine hohe Chronizität. Andere Essstörungen, wie Bulimie und vor allem Binge-Eating, beginnen meist erst im späteren Jugendalter oder sogar noch im Erwachsenenalter. Studien gehen jedoch davon aus, dass 2–4 % der erwachsenen Bevölkerung davon betroffen sind. Eine Tendenz kann sich schon im Kindes- und Jugendalter abzeichnen, denn der Body-Mass-Index (BMI) bei Kindern und Jugendlichen mit Verdacht auf eine Essstörung ist deutlich in Richtung Übergewicht verschoben. Um den BMI zu bemessen, wird das Gewicht (in Kilogramm) durch die Körpergröße (in Metern) im Quadrat (kg/m^2) geteilt.

Adipositas (Fettleibigkeit) ist die Bezeichnung für eine Ernährungs- und Stoffwechselkrankheit, die mit einer übermäßigen Fettansammlung im Körperfettgewebe einhergeht und somit zu starkem Übergewicht führt. Laut WHO liegt eine Adipositas ab einem BMI von 30 kg/m^2 vor. Ab einem BMI von 25 spricht man jedoch schon von deutlichem Übergewicht. Abhängig vom BMI werden drei Schweregrade der Erkrankung unterschieden. In Deutschland sind insgesamt etwa 15 % der Kinder- und Jugendlichen im Alter von 2 bis 17 Jahren übergewichtig. Davon sind ungefähr 6 % von einer Adipositas betroffen. Die vermehrte Körperfettansammlung, das erhöhte Gewicht und die oftmals fehlende körperliche Betätigung sind mit einem hohen gesundheitlichen Risiko verbunden. Nicht nur körperliche Erkrankungen wie Asthma, Allergien, Gelenkschmerzen und eine vermehrte Kreislaufbelastung können die Folge sein, sondern auch vor allem psychische Begleiterscheinungen. So wurde in Studien gezeigt, dass Verhaltensstörungen, Schulprobleme, Depressionen, Aufmerksamkeitsdefizit-/Hyperaktivitätsstörung (ADHS), Lernstörungen und emotionale Störungen im Zusammenhang mit Adipositas vermehrt auftreten können.

Als **Anorexia nervosa,** eine Magersucht, bezeichnet man einen bewusst herbeigeführten Gewichtsverlust in einen BMI-Bereich unter 17,5 kg/m^2, sodass Betroffene auffallend dünn sind. Es besteht eine große Angst zuzunehmen, obwohl das Gewicht mit fortschreitender Erkrankung meist weiter abfällt. Aufgrund der Körperschemastörung legen Betroffene für sich eine sehr niedrige Gewichtsschwelle fest und nehmen ihr Hungergefühl nicht wahr. Das Selbstwerterleben ist oft herabgesetzt und korreliert in hohem Maß mit dem Körpergewicht. Beginnt die Erkrankung vor der Pubertät, so ist die Abfolge der pubertären Entwicklungsschritte verzögert oder gehemmt. Auch eine Störung des Hormonhaushalts, eine erhöhte Wachstumshormon- und Kortisolproduktion sowie eine Störung der Insulinausschüttung können auftreten. Der Gewichtsverlust wird mithilfe von gewolltem Erbrechen, Abführmitteleinnahme, übertriebener körperlicher Aktivität, Appetitzüglern oder Entwässerungsmitteln selbst herbeigeführt. Der Kaloriengehalt aller aufgenommenen Speisen wird peinlich genau berechnet und durch mehrmals tägliches Wiegen und das Messen des Umfangs verschiedener Körperteile zusätzlich kontrolliert. Der Rückzug aus sozialen Beziehungen kann eine typische Folge dieser Störung sein. Betroffene Mädchen stammen häufig aus Familien der mittleren oder oberen Gesellschaftsschicht und sind oftmals überdurchschnittlich intelligent.

Als *Bulimie* bezeichnet man eine weitere Form der Essstörung, die meist als Ess-Brech-Sucht auftritt. Anstatt des Erbrechens können aber auch andere Maßnahmen wie Abführmitteleinnahme oder übermäßiger Sport ergriffen werden. Bulimie ist eine andauernde Beschäftigung mit dem Essen, den Essattacken und der anschließenden Beseitigung der aufgenommenen Nahrung. Betroffene sind oftmals normalgewichtig und in ihrem äußeren Erscheinungsbild unauffällig. Eine große Unzufriedenheit mit dem Gewicht und Angst vor weiterer Gewichtszunahme sind charakteristisch. Ein typisches Zeichen sind unregelmäßig auftretende Heißhungeranfälle, die zum Verzehr großer Nahrungsmengen führen, die dann im Anschluss wieder erbrochen werden.

Binge-Eating beschreibt häufig vorkommende Essanfälle, ohne dass der Gewichtszunahme regulierend entgegengesteuert wird. Periodisch vorkommende Heißhungeranfälle führen zum Verzehr einer großen Menge an Nahrungsmitteln, was nicht selten aufgrund des hohen Nahrungsmittelverbrauchs zu finanziellen Problemen führt. Am häufigsten kommen jedoch Mischformen aller Essstörungen vor.

Der Einfluss der Medien ist sehr groß. Vor allem in Videoportalen werden Jugendlichen übertriebene Rollenbilder oder unrealistische Schönheitsideale präsentiert. Es geht sogar so weit, dass im Internet Communities und Portale zu finden sind, wo die Nutzer sich gegenseitig Tipps geben, wie man am besten hungert, erbricht und das Gewicht unnatürlich niedrig hält. Essstörungen sind deshalb keinesfalls nur Lifestylephänomene, sondern sollten als Krankheit angesehen und ernst genommen werden. Vor allem in der Pubertät setzen sich Mädchen und Jungen intensiv mit ihrem Körper auseinander und entwickeln aufgrund irgendwelcher Vorbilder Wunschvorstellungen von ihrer Figur. Durch eine ideale Figur wünschen Sie sich Anerkennung und ebenso beliebt zu sein, wie ihre Idole aus dem Internet, der Musikszene oder der Modewelt. Manchmal ist der Weg in eine Essstörung auch die anscheinend einzige Möglichkeit, sich autonom und selbstbestimmt zu fühlen. Eine strenge Selbstkontrolle und das Verleugnen eigener Bedürfnisse vermittelt ihnen die Illusion von Stärke und Unabhängigkeit. Es wird nach einer anderen Form der Kontrolle und Sicherheit gesucht, vor allem, wenn andere Dinge im Leben als zunehmend unkontrollierbar erlebt werden oder ein Sicherheitsverlust in anderen Lebensbereichen empfunden wird. Das Streben nach Perfektionismus kann die Krankheit ebenso auslösen und unterhalten wie die Tatsache, dass ein niedriges Gewicht aufgrund des vorhandenen gesellschaftlichen Schönheitsideals zu vermehrten Komplimenten führt und das eigene Selbstwertgefühl aufwertet. Manchmal liegt auch ein Kindheitstrauma zugrunde, das nicht verarbeitet wurde und zu Schuldgefühlen führt, die in einer Selbstbestrafung durch Nahrungsentzug oder in anderen selbstzerstörerischen Verhaltensweisen ihren Ausdruck finden. Es konnte beobachtet werden, dass Betroffene häufig aus Familien mit rigiden Beziehungsstrukturen, pathologischen familiären Interaktionsmustern und Schwierigkeiten in der Gefühlsäußerung und Bedürfniswahrnehmung kommen.

Die gesundheitlichen Folgen einer Essstörung sind vor allem durch das niedrige Gewicht bedingt. Es kann zu Störungen im Flüssigkeits- und Mineralstoffhaushalt kommen. Die Herzfunktion kann derart beeinträchtigt werden, dass es zu lebensbedrohlichen Herzrhythmusstörungen und Herzschwäche kommen kann. Auch der Blutdruck kann gefährlich niedrig werden und zu gravierenden Kreislaufproblemen führen. Bei jungen Mädchen kann die Periode über längere Zeit ausbleiben oder gar nicht erst beginnen. Eisenmangel, Magnesiummangel, starker Haarwuchs und brüchige Nägel sind weitere Anzeichen.

Innerhalb der Familie können Sie in Ihrer Vorbildfunktion viel zur Vorbeugung einer Erkrankung beitragen. Fördern Sie ein gesundes Essverhalten, nehmen Sie sich dafür ausreichend Zeit und achten Sie auch darauf, wie viel Wert darauf in anderen Einrichtungen, in denen Ihr Kind isst, gelegt wird. Seien Sie sensibilisiert, wenn Sie einige der oben aufgeführten Alarmsymptome beobachten und prüfen Sie immer wieder gründlich, ob es familiäre Konflikte, Schulprobleme oder andere Belastungsfaktoren gibt, mit denen Ihr Kind möglicherweise nicht anders umzugehen weiß. Sollten Sie den Eindruck haben, dass ein problematisches Essverhalten bei Ihrem Kind vorliegt, so ist ein Vertrauensaufbau enorm wichtig, damit Sie Ihr Kind bei diesem sensiblen Thema verbal und emotional erreichen. Kritik zu üben am Essverhalten oder der Figur des Kindes, ist meist kontraproduktiv und befördert die Symptomatik. Fokussieren Sie sich nicht auf die augenscheinlichen Ausprägungen der Erkrankung, sondern versuchen Sie, Ihr Kind als ganze Persönlichkeit mit seinen Bedenken, Gedanken, Ängsten und Gefühlen ernst zu nehmen. So können Sie bei Ihrem Kind die Motivation stärken, sich selbst helfen zu lassen und den Zustand als krankhaft zu erkennen. Denn das ist eines der häufigsten Probleme im Rahmen der

Behandlung. Die Betroffenen sehen sich selbst nicht als *erkrankt* an, da sie sich durch eine möglicherweise erhöhte Endorphinausschüttung, Bewunderung durch Gleichaltrige und vermeintliche körperliche Fitness wohl fühlen.

Diese Verhaltensauffälligkeiten sollten Sie wachsam werden lassen

* Deutliche Gewichtsschwankungen oder aber auch ein stetiger Gewichtsverlust oder eine stetige Gewichtszunahme sind typisch.
* Körperschemastörungen treten auf (die Betroffenen haben keinen realistischen Blick mehr dafür, was normal ist und nehmen ihren Körper ganz anders wahr als das Gewicht auf der Waage zeigt).
* Selbstausgelöstes Erbrechen, übertriebene körperliche sportliche Aktivität, Abführmittel, Appetitzügler, Entwässerungspräparate oder längere Hungerperioden helfen dabei, das Gewicht unnatürlich niedrig zu halten.
* Hochkalorische Speisen werden konsequent gemieden, sodass Essen in Gesellschaft möglichst umgangen wird.
* Ihr Kind beschäftigt sich gedanklich übermäßig viel mit dem Thema Nahrungsaufnahme, Lebensmittel, Kalorien, Gewichtsreduktion etc.
* Behalten Sie auch im Hinterkopf, dass ein belastendes Lebensereignis häufig ein Auslöser für eine Essstörung sein kann.

Wenn Sie den Eindruck haben, bei Ihrem Kind könnte sich ein möglicherweise auffälliges Essverhalten manifestieren, so besprechen Sie dies zuerst mit Ihrem Arzt oder Ihrer Kinder- und Jugendärztin. Machen Sie Ihrem Kind Vorschläge und stellen ihm dann die möglichen Beratungsangebote vor, lassen es aber selbst entscheiden, zu welchem Arzt oder Therapeuten es gehen möchte.

Weitere Informationen und Hilfsangebote

www.bzga-essstoerungen.de
https://www.anad.de/essstoerungen/adressverzeichnis/kliniken/
https://www.kinderaerzte-im-netz.de/krankheiten/uebergewicht-fettsuchtadipositas/therapie/
Eine anonyme telefonische Beratung bietet die Bundeszentrale für gesundheitliche Aufklärung unter: 0221- 892031.

6

F wie Familienkonflikte

Die Zeit, in der Ihr Kind Sie bewundert hat und gern Ihre Verhaltensweisen nachgeahmt hat, scheint vorbei zu sein. Jetzt wollen sie nur noch etwas Eigenes, unabhängig sein, anders sein. Kuscheln mit Papa wird peinlich und Mama muss den *Beste-Freundin-Status* abgeben. Die elterliche Autorität scheint in den Hintergrund zu rücken, jegliche Mitarbeit in der Familiengemeinschaft wird verweigert und gemeinsam verbrachte Familienzeit wird uninteressant, da sich die neuen Orientierungspunkte und Interessen auf die Aktivitäten und Einstellungen der Clique beziehen. Ein intensives Loyalitätsgefühl der Gruppe gegenüber lässt Kritik der Eltern oftmals abprallen. Die Abgrenzung vom Elternhaus steht im Vordergrund. Es wird bewusst ein anderes Weltbild vertreten, übertriebene Unabhängigkeit vorgetäuscht, mit Grenzüberschreitungen provoziert und Andersartigkeit bewusst demonstriert. Ein Machtkampf, der oftmals verbrannte Erde hinterlässt und immer wieder zu nervenaufreibenden familiären Diskussionen führt. Das Kommunikationsverhalten innerhalb der Familie ändert sich während der Pubertät drastisch. Tonart, Wortwahl und Inhalt haben nichts mehr mit dem süßen, netten Kind gemein, das es noch noch vor wenigen Monaten vielleicht war. Der Blitz hat eingeschlagen und jetzt droht täglich ein Donnerwetter, bei dem Ihr Nachwuchs ein erstaunliches Durchhalte- und Durchsetzungsvermögen im Hinblick auf eigene Interessen an den Tag legen kann. Halten Sie durch! Kapitulation Ihrerseits ist keine Lösung. Wenn die Fronten sich verhärtet haben, dann kann es manchmal auch ganz hilfreich sein, sich selbst und die eigenen Erziehungsansichten zu hinterfragen.

C. Kattan, *Durch die Pubertät von A bis Z*, https://doi.org/10.1007/978-3-658-28133-5_6

Damit sich der Nervenkrieg in Grenzen hält, sollten Sie sich ab und zu an Ihre eigene Pubertät erinnern. Auch Sie durchlebten einmal diese Zeit oder steckten irgendwo in ihr fest. Vielleicht erinnern Sie sich noch daran, wie wenig Verständnis Sie für die Ansichten Ihrer Eltern hatten oder wie sehr Sie sich über die Einschränkungen oder das Verhalten von ihnen geärgert haben. Man reibt sich in dieser aufwühlenden, konfliktreichen Zeit häufig aneinander, die Nerven werden strapaziert und es wird oftmals wenig Empathie für die Gefühlslage des anderen aufgebracht. Eltern in der heutigen Zeit haben es besonders schwer, ihre Kinder mit rationalen Argumenten zu erreichen, da das Interesse vorwiegend dem Internet, der Mode und irgendwelchen modernen Freizeitaktivitäten gilt.

Selbst wenn Ihr Nachwuchs versucht, möglichst viel Zeit außerhalb der Familie zu verbringen, so sagt dies nichts über sein Zugehörigkeitsgefühl oder die Liebe zu Ihnen aus. Ihre Standpunkte, Weltansichten und Ihr Verhalten sind weiterhin die wichtigsten Orientierungspunkte auf dem Weg zum Erwachsenwerden für Ihr Kind. Die Bedeutung der Familie ist das ganze Leben lang enorm wichtig und vor allem in dieser turbulenten Entwicklungsphase der wichtigste Schutzraum, Zufluchtsort und Wohlfühlbereich der Kinder. Innerhalb der Familie wird Geborgenheit gegeben, Anerkennung erlebt und vor allem viel gemeinsame Lebenszeit verbracht. Idealerweise sollte es zu einer Heimat werden, die ein Leben lang alle Familienmitglieder mit offenen Armen willkommen heißt, unabhängig davon, wie problematisch einzelne Lebensphasen erlebt werden. Fördern Sie diesen Familienzusammenhalt, indem Sie immer wieder Angebote für eine gemeinsame Freizeitgestaltung machen. Es gibt eine Reihe an Unternehmungen, die auch Ihr Nachwuchs cool finden wird. Ein regelmäßig stattfindender *Vater-Sohn- oder Mutter-Tochter-Tag* können beispielsweise die Beziehung stärken und für eine bessere Kooperationsbereitschaft sorgen.

Von Ihnen wird eine Engelsgeduld gefordert. Bleiben Sie am Ball. Zeigen Sie Interesse für die Interessengebiete außerhalb der Familie, dann wird Ihr Kind Sie – früher oder später – in seine pubertäre Welt einbeziehen. Vertrauen Sie auf diesen Prozess und ziehen Sie sich zeitweilig auch mal selbst etwas zurück.

Über die abnehmende Kommunikation sind einige Eltern schockiert, sie gewöhnen sich aber schnell an den eingeschränkten Wortschatz. Sätze bestehen oftmals nicht einmal mehr aus Subjekt, Prädikat und Objekt oder sind bis in die Unkenntlichkeit verzerrt.

Die Highlights

* „Chillen erstmal"
* „Geht dich nix an"
* „Hau mal ab, Alter"
* „Alle dürfen länger bleiben"
* „Ich hasse Dich"
* „Ihr seid so spießig"
* „Alle bekommen mehr Taschengeld"
* „Lass mich in Ruhe"
* „Chill Dich mal"
* „Egal"
* „Keine Ahnung"
* „Was weiß ich"
* „Du bist so gemein"
* „Die anderen Eltern sind viel cooler als Ihr"
* „Um elf fängt die Party doch erst an"

Einige Verhaltenstipps

* Bringen Sie immer wieder die nötige Geduld auf, ruhige Gespräche zu suchen.
* Lassen Sie sich nicht provozieren, so provokativ das Auftreten Ihres Teenagers auch sein mag. Bleiben Sie ruhig.
* Konfliktvermeidung ist keine Lösung. Zeigen Sie immer wieder, dass Sie in der Lage sind, Konflikte auszuhalten.
* Suchen Sie gemeinsam nach einer Lösung.
* Halten Sie einmal pro Woche eine kleine Familienkonferenz ab, wo bei einem Brunch, einem gemütlichen Abendessen oder einem anderen familiären Zusammentreffen jeder die Gelegenheit bekommt, über das zu sprechen, was ihn stört.
* Bringen Sie Verständnis für die Situation und die Gefühle Ihres Teenagers auf, denn so werden Sie am schnellsten zu einem Kompromiss kommen.
* Nehmen Sie übermäßig starke Reaktionen nicht persönlich.
* Nehmen Sie Ihr Kind in seinen Äußerungen und seinem Auftreten ernst, aber nicht zu ernst.
* Seien Sie der Ruhepol innerhalb der Familie, der Halt, Sicherheit und Nestwärme bietet.

* Versuchen Sie den familiären Zusammenhalt zu stärken, auch wenn es Ihnen schwer fällt. Was können Sie selbst zum Erhalt des häuslichen Friedens beitragen?
* Formulieren Sie Ihre Anliegen oder Kritikpunkte in *Ich-Botschaften*. Das kann besser angenommen werden als Vorwürfe oder Fragen, auf die Sie keine ehrliche Antwort erhalten werden.
* Erziehung findet nebenbei statt. Wählen Sie für Klärungsgespräche neutrale Orte. Auf einem Spaziergang oder bei einem Restaurantbesuch kann Ihr Kind entspannter mit Ihnen sprechen und Ihren Blicken notfalls auch ausweichen. Das reduziert mögliche Schamgefühle und lockert die Atmosphäre auf.
* Zeigen Sie Ihrem Kind jeden Tag, dass Sie es lieben und seine Persönlichkeit akzeptieren – so andersartig sie Ihnen auch erscheinen mag.

Weitere Adressen und Hilfsangebote

https://www.caritas.de/onlineberatung/elternundfamilie
https://www.profamilia.de/
https://www.unterstuetzung-die-ankommt.de/
https://www.hellinger.com/home/familienstellen/

7

G wie Gesundheitsvorsorge

Die folgenden Ausführungen werden Ihnen womöglich banal erscheinen, aber vielleicht gibt es dennoch ein paar Aspekte, die Ihnen hilfreiche Anregungen oder Informationen liefern. Gesundheitsprävention, das bedeutet Gesundheitsvorsorge, ist ein großes, viele Lebensbereiche betreffendes gesellschaftliches Thema, weshalb eine Beschränkung auf die im Jugendalter relevanten Bereiche sinnvoll erscheint. Alkoholgenuss, Drogenmissbrauch, Verhaltenssüchte und einige andere gesundheitsschädigende Lebensweisen werden in den anderen Kapiteln separat behandelt.

Gesunde Ernährung
Gesunde Ernährung ist das ganze Leben lang von entscheidender Bedeutung. Sie werden Ihrem Kind sicherlich schon die Grundzüge einer ausgewogenen, gesunden Ernährung nahegelegt haben. Dennoch ist es gerade in dieser Zeit, in der Ihr Kind öfters mal Mahlzeiten außerhalb des Hauses zu sich nimmt, besonders wichtig, dass Sie sich für die Ernährungsgewohnheiten interessieren und vielleicht ab und zu mal nachfragen. Allein Ihr Interesse an dem Thema wird Ihren Nachwuchs dafür sensibilisieren, seine Nahrungsmittel bewusster auszuwählen.

Die wichtigsten Tipps der deutschen Gesellschaft für Ernährung empfehlen mehrere Portionen Obst und Gemüse täglich einzunehmen, besonders abwechslungsreich zu essen und die Nahrung schonend zuzubereiten. Vollkornprodukte sollten vorzugsweise ausgewählt werden und durch tierische Lebensmittel ergänzt werden. Zucker- und Salzzusätze sollten ebenso wie versteckte, ungesunde Fette vermieden werden. Es wird angeraten, überwiegend

© Springer Fachmedien Wiesbaden GmbH, ein Teil von Springer Nature 2020
C. Kattan, *Durch die Pubertät von A bis Z*, https://doi.org/10.1007/978-3-658-28133-5_7

Wasser zu trinken, sodass Softdrinks nicht auf den Speiseplan gehören. Nicht zuletzt sollte jede Nahrung durch gutes Kauen und langsames Essen achtsam eingenommen werden.

Sportliche Betätigung

Sportliche Betätigung ist das A und O für die körperliche und geistige Fitness. Es wirkt der allgemeinen pubertären Müdigkeit entgegen, stärkt die Muskulatur, lässt Selbstvertrauen entstehen und fördert durch die Mitgliedschaft in einem Verein den Teamgeist. Wer sich frühzeitig an eine regelmäßige sportliche Aktivität gewöhnt hat, ein Hobby pflegt oder sogar eine gewisse Faszination dafür aufbringen kann, der wird im weiteren Verlauf seines Lebens immer wieder das Bedürfnis verspüren, körperlich aktiv zu werden und sich darin ein Stück weit selbst verwirklichen. Durch regelmäßige körperliche Aktivitäten kann auch einer Veranlagung zu Übergewicht entgegengewirkt beziehungsweise das Wunschgewicht leichter gehalten werden.

Eine körperliche Herausforderung hilft dabei, sich selbst zu spüren und Gefühlszustände besser wahrzunehmen, die über das Auspowern beim Sport besser reguliert werden können. Ein kreatives Hobby oder auch eine anspruchsvolle, sportliche Freizeitbeschäftigung unterstützen dabei, möglicherweise aufgestaute Gefühle zum Ausdruck zu bringen. Während dieser Aktivitäten kann uns der Ausdruck von Freude, Liebe, Glück und Leidenschaft oder aber auch von Ärger, Wut und Gekränktheit besser gelingen. Diese Umwandlung unserer Gefühle in eine andere Form von Energie ist der Katalysator unserer Seele. Je besser wir von klein auf lernen, auch negative Empfindungen wahrzunehmen, ihnen Raum zu geben und sie zum Ausdruck bringen, desto regelmäßiger kann sich unsere Seele reinigen. Indem wir beim Sport, beim Tanzen, Malen oder Fußballspielen zeigen, was wir fühlen, wird unser Kopf frei und unser Herz leichter. Auf diese Weise kann Ihr Kind lernen, Abstand von belastenden Gedanken zu bekommen und sich körperlich fit zu halten.

Versuchen Sie die Teilnahme an einer regelmäßigen Freizeitaktivität oder einer sportlichen Betätigung zu fördern.

Impfstatus

Den Impfstatus sollten Sie im Jugendalter einmal überprüfen lassen. Der Blick in den Impfpass hilft dabei, die nötigen Auffrischimpfungen nicht zu verpassen oder auch, um erstmalig mit der Impfung gegen humane Papillomviren (HPV) zu beginnen. Besprechen Sie dies mit Ihrem Kinder- und Jugendarzt. Im Anschluss sehen Sie eine kurze Auflistung der wichtigsten Impfungen und Auffrischimpfungen in der Adoleszenz.

Humane-Papillomviren-Impfung

Die Ansteckung mit HPV erfolgt hauptsächlich durch sexuelle Kontakte, weshalb die Impfungen deutlich vor dem ersten Geschlechtsverkehr erfolgen sollten. Eine Ansteckung kann auch mit Kondom nicht gänzlich vermieden werden, weshalb sich fast alle Frauen und Männer im Lauf ihres Lebens mindestens einmal damit anstecken. Es gibt 200 verschiedene Typen von HPV, wovon aber nur wenige zu gesundheitlichen Problemen führen. Manche HPV-Typen können unangenehme Genitalwarzen verursachen, andere können zu Zellveränderungen am Gebärmutterhals führen, die Krebs verursachen können. Vor allem um die Entwicklung einer Zellentartung zu vermeiden, wird die Immunisierung gegen die zwei Hochrisikotypen 16 und 18 empfohlen. Ein anderer in Deutschland erhältlicher Impfstoff wirkt zusätzlich gegen sieben weitere HPV-Typen.

Seit 2018 wird diese Impfung von der Ständigen Impfkommission (STIKO) für Mädchen und auch Jungen im Alter zwischen 9 und 14 Jahren empfohlen. Es wird zweimal im Abstand von mindestens fünf Monaten geimpft und verpasste Impfungen sollten sobald wie möglich vor dem 18. Lebensjahr nachgeholt werden.

Noch werden zu wenige Mädchen gegen HPV geimpft. Auch für Jungen ist diese Impfung sehr sinnvoll, weil sie zum einen das Auftreten anderer HPV-assoziierter Krebsarten in Mund- und Rachenraum und in der Genitalregion verhindert und zum anderen durch die Erhöhung der allgemeinen Impfquote ein besserer Gemeinschaftsschutz erzielt werden kann.

Die HPV-Impfung ist gut verträglich und kann von jedem Kinder- und Jugendarzt oder Allgemeinarzt durchgeführt werden. Die Kosten dafür tragen die Krankenkassen.

Masern/Mumps/Röteln

Das Ziel der Weltgesundheitsorganisation (WHO) ist eine Welt ohne Masernkranke. Es werden immer wieder neue Impfkampagnen angelegt, um dieses Ziel zu erreichen, denn es erkranken immer noch zu viele Jugendliche und junge Erwachsene an dieser hoch ansteckenden Erkrankung. Masern werden von Viren verursacht und durch Tröpfcheninfektionen schnell übertragen. Im Verlauf der Erkrankung kann es zu gravierenden Folgeerscheinungen kommen, weshalb auch schon der Krankheitsverdacht unter Quarantäne gestellt wird. Die schlimmste Komplikation ist eine Gehirnentzündung, die in seltenen Fällen auch zum Tod führt. Da es gegen diese Erkrankung keine ursächliche Therapie gibt, wird eine Grundimmunisierung dringend empfohlen, die einen wirksamen Schutz bietet.

Es wird mit einem Kombinationsimpfstoff gegen Masern-Mumps-Röteln geimpft. Bis zum zweiten Lebensjahr sollten alle Kleinkinder zweimal geimpft worden sein. Um Impflücken zu schließen, wurde überdies empfohlen, dass alle nach 1970 geborenen Erwachsenen, die nur eine oder noch keine Impfung erhalten haben, diese baldmöglichst nachholen sollen. Die Impfung wird in der Regel gut vertragen. Nebenwirkungen im Sinn einer *Impfreaktion* klingen folgenlos wieder ab.

Das Bundeskabinett hat nun das Gesetz für eine Masernimpfpflicht auf den Weg gebracht, sodass ab März 2020 Kita-Kinder, Schüler und bestimmte Erwachsene nachweisen müssen, dass sie geimpft sind. Impfgegner müssen mit Konsequenzen rechnen und ungeimpfte Kinder können vom Kita-Besuch ausgeschlossen werden. Bei Schulkindern droht den Eltern sogar ein hohes Bußgeld.

Um die Masern auszurotten, müssen sich noch mehr Menschen impfen lassen. Zögern Sie nicht, einen Blick auch in Ihren Impfpass werfen zu lassen.

Windpocken

In der Regel haben alle Jugendlichen eine Grundimmunisierung nach der Geburt erhalten. Sollte dies nicht der Fall sein, so wird empfohlen, diese mit einer zweimaligen Impfung zwischen dem 9. und 17. Lebensjahr nachzuholen.

Auffrischimpfung gegen Keuchhusten, Tetanus, Kinderlähmung, Diphterie

Eine Auffrischimpfung gegen diese Erkrankungen sollte zwischen dem 9. und dem 16. Lebensjahr erfolgen. Dafür gibt es einen Vierfachimpfstoff, der gut vertragen wird.

Zahnmedizinische Einzelvorsorge

Im Schulalter, vom 6. bis zum 18. Lebensjahr, werden zahnärztliche Kontrollen alle sechs Monate empfohlen. Schon frühzeitig sollten neu durchbrechende Zähne kontrolliert und die Kauflächen der Backenzähne versiegelt werden, um Karies vorzubeugen und einen langfristigen Schutz zu erreichen. Neben der Zahnkontrolle erfolgt regelmäßig eine Beratung zur Mundhygiene und zu vorbeugenden Maßnahmen. Die Kontrolltermine werden in einem Bonusheft festgehalten. Auch für Erwachsene wird zweimal jährlich eine Kontrolluntersuchung von der Krankenkasse übernommen und einmal jährlich Zahnstein entfernt. Die Parodontitisfrüherkennung steht Ihnen alle zwei Jahre zu. Eine professionelle Zahnreinigung sollte auch schon im Jugendalter regelmäßig erfolgen. Viele Krankenkassen bieten hierzu im Rahmen freiwilliger Zusatzleistungen Zuschüsse an.

Jugenduntersuchung J1

Das ist die letzte Vorsorgeuntersuchung, die von allen Krankenkassen übernommen wird. Die Untersuchung findet in der Regel zwischen dem 12. und
14. Lebensjahr statt und umfasst eine körperliche Begutachtung im Hinblick
auf Organauffälligkeiten oder Haltungsschäden. Größe, Gewicht, Blutdruck,
eine Blutanalyse und eine Urinuntersuchung gehören ebenfalls dazu. Die
Geschlechtsorgane werden im Hinblick auf eine altersgerechte Entwicklung
kurz begutachtet. Der Impfstatus wird vervollständigt beziehungsweise die
Impfungen gegen HPV werden begonnen. Wichtiger Bestandteil ist ein
Beratungsgespräch über Sexualität, Verhütung, gesundheitsgefährdendes
Verhalten und möglicherweise vorhandene familiäre oder soziale Probleme.
Der Jugendliche kann diesen Termin auch allein wahrnehmen. Das hat mög-
licherweise den Vorteil, dass ein noch offeneres Gespräch über die etwas
heikleren Themen zustande kommen kann.

Einige Kinder- und Jugendärzte bieten darüber hinaus noch die J2 an, die
im Alter von 16 bis 18 Jahren erfolgen sollte. Diese umfasst eine Ultraschall-
untersuchung der Schilddrüse, eine Vorsorge für Diabetes sowie ein ausführ-
liches Beratungsgespräch über mögliche Schwierigkeiten in der allgemeinen
Lebensführung, Berufswahl, Sexualität und familiären Kommunikation.

8

H wie Handynutzung

Egal, wo wir in der Welt unterwegs sind – es begegnen uns immer Menschen, die den Blick auf das Display ihres Mobiltelefons gerichtet haben. Die allgemeine Mediennutzung fasziniert durch unzählige Unterhaltungsangebote sowohl Jugendliche als auch Erwachsene und nimmt in allen Altersgruppen zu. Im Alter von zwölf Jahren trägt heutzutage nahezu jeder ein Handy in der Hosentasche. Durchschnittlich verbringen wir drei Stunden am Tag mit dem Smartphone, am Wochenende sind es sogar vier Stunden. Da sind wir Erwachsenen ebenso betroffen wie unser Nachwuchs. Was für eine erschreckende Zahl! Das Handy ist eine wahre Zeitvernichtungsmaschine. In einer Studie wurden Nutzungsdaten über eine App von 5000 Personen ausgewertet. Es werden immer wieder Nachrichten bei Facebook gecheckt, Videos geteilt oder WhatsApp angewählt. Häufig wird aber auch einfach nur auf dem Handy rumgedaddelt. Noch besteht keine gesellschaftliche Einigkeit darüber, was als normales Medienverhalten angesehen wird.

Viele Eltern sehen das Medienverhalten ihrer Kinder als bedenklich an, haben ihr eigenes Nutzungsverhalten aber nicht im Blick. Bis zu 80-mal am Tag nehmen wir unser Handy in die Hand. Wir wirken süchtig danach und können uns ein Leben ohne diese Technik gar nicht mehr vorstellen.

Warum ist das so? Was fasziniert uns so sehr an den Ereignissen innerhalb dieser digitalen Welt, sodass sie attraktiver scheint als die Gesprächsinhalte unseres Gegenübers? Die zwischenmenschliche Kommunikation nimmt immer weiter ab, da das Handy mit neuen Informationen lockt. Auf der Suche nach dem schnellen Glücksgefühl schauen wir nur eben schnell mal etwas nach. In der Pubertät sind Kinder und Jugendliche vor

© Springer Fachmedien Wiesbaden GmbH, ein Teil von Springer Nature 2020
C. Kattan, *Durch die Pubertät von A bis Z,* https://doi.org/10.1007/978-3-658-28133-5_8

allem auf der Suche nach Spaß, und den findet man im Internet, passend zu jeder Stimmungslage. Messenger wie WhatsApp, Instagram oder SnapChat sind Werkzeuge der sozialen Zugehörigkeit geworden, die eine Art Sogwirkung auf Jugendliche ausüben. Heranwachsende werden in ihrem Auftreten ständig gespiegelt, sie fühlen sich verstanden und anerkannt, was eine persönliche Bestätigung und eine Stärkung des Selbstbewusstseins mit sich bringt. Vor allem sehr schüchternen und unsicheren Jugendlichen wird das Halten von Kontakten mit Gleichaltrigen und Freunden erleichtert. Es ist in gewisser Weise auch ein gegenseitiger Vertrauensvorschuss, wenn Jugendliche in einem Beitrag ihren Alltag mit ihren Freunden online teilen und private Informationen für andere freigeben. Überdies fällt es Jugendlichen leichter, online über Probleme zu sprechen. Das sind viele Vorteile auf einmal, die die heutige Lebensrealität der *Generation Z* ausmachen.

Hirnforscher zeigten, dass beim *Chatten* und *Posten,* vor allem durch die Antworten und *Likes* anderer Nutzer, Wohlfühlregionen im Gehirn stimuliert werden. Durch nette Kommentare oder anerkennendes Feedback wird das eigene Selbstbewusstsein gestärkt und ein Gefühl der Zugehörigkeit vermittelt. Wir sind von der Kindheit an auf das Streben nach Belohnung, Lob und Anerkennung trainiert, was ein Glücksgefühl verursacht, und nach diesem Gefühl suchen wir auch im Internet. Allerdings funktioniert es eher wie ein zufälliges Belohnungsprinzip, das dadurch möglicherweise einen zusätzlichen Reiz verschafft. Wir wissen nicht, wie unser *Post* von den virtuellen und realen Freunden aufgefasst wird. Mal sind es unzählige positive Kommentare, mal wird unser Beitrag ignoriert oder scharf kritisiert. Durch Textnachrichten entstehen beispielsweise auch viele Missverständnisse und Konflikte, die am Telefon viel leichter zu klären wären. Aber wir wollen *dran bleiben* und wissen, was *abgeht,* deshalb wird ständig nachgeschaut, was auf Instagram, Twitter oder Facebook aktuell los ist.

Noch besteht diagnostische Unsicherheit darüber, ob die exzessive Nutzung sozialer Medien auch bei den Verhaltenssüchten eingeordnet werden sollte. Machen Whatsapp, Instagram und Co. wirklich süchtig? Eine Studie der DAK-Gesundheit und dem Deutschen Zentrum für Suchtfragen des Kindes- und Jugendalters ist dieser Frage nachgegangen und kam zu dem Ergebnis: Die große Mehrheit (85 %) der 12- bis 17-Jährigen nutzt soziale Medien jeden Tag. Die tägliche Nutzungsdauer beträgt im Schnitt knapp drei Stunden, wobei die meiste Zeit davon mit der Nutzung von WhatsApp (66 %), Instagram (14 %) und SnapChat (9 %) verbracht wird. Inwieweit bei den Nutzern ein problematisches beziehungsweise suchtartiges Verhalten bestanden hat, wurde mit einem standardisierten Fragebogen beurteilt. Das Ergebnis der Befragung ergab, dass ungefähr 3 % aller 12- bis 17-Jährigen ein Suchtverhalten zeigen. Betrachtet man allerdings den hohen täglichen Zeitaufwand, den Jugendliche am Handy verbringen, statt sich mit Freunden zu treffen oder einem Hobby nachzugehen, scheint die Vermutung naheliegend, dass weitaus mehr Jugendliche die Kriterien für einen problematischen Gebrauch sozialer Medien erfüllen. Auch konnte ein Zusammenhang zwischen einer exzessiven Nutzung der sozialen Medien und der Entstehung einer depressiven Symptomatik gesehen werden.

Aufgrund des häufig uneingeschränkten Zugangs zum Internet durch das Smartphone haben die Jugendlichen auch uneingeschränkten Zugang zu pornografischen Inhalten und Gewaltdarstellungen. Das Ansehen eines Pornos gehört ein Stück weit zu den Erfahrungen dazu, die man als Heranwachsender macht. Jedoch auch das kann zu einer Sucht werden und die Erwartungen an ein partnerschaftliches Sexualleben stark verzerren und negativ beeinflussen. Vor allem die schnell über Whatsapp geteilten Videos haben eine gewisse Anziehungskraft, übersteigen aber mit teilweise obszönen oder gewalttätigen Inhalten häufig die kognitiven Verarbeitungsprozesse der Jugendlichen, deren Psyche für solch belastende optische Eindrücke noch zu unreif ist. Sollten Sie feststellen, dass derartige Webseiten von Ihrem Nachwuchs angeschaut oder gesucht werden, sollten Sie eingreifen und sich von Ihrem Kinder- und Jugendarzt beraten lassen.

Die Zeit, die im Internet verbracht wird, wirkt sich aufgrund von Schlafmangel, reduzierten Sozialkontakten und vermehrten familiären Konflikten ungünstig auf verschiedene Lebensbereiche aus. Der Kontakt zu Freunden wird in einigen Fällen fast ausschließlich über soziale Medien aufrechterhalten und persönliche Gespräche werden durch Online-Chats ersetzt. Als Eltern haben Sie vor allem in Bezug auf Ihre eigenen Sozialkontakte die Möglichkeit, Ihren Kindern etwas anderes vorzuleben. Planen Sie gemeinsame Aktivitäten mit anderen Familien, machen Sie Wochenendausflüge oder erzählen Sie Ihren Kindern zumindest immer wieder davon, wie gut Ihnen der gemeinsame Rotweinabend oder der Kegelabend unter Männern und die dabei geführten Gespräche gefallen haben.

Die Frage nach einem richtigen Umgang mit dem Handy ist noch relativ neu, da es jedoch bald zu einem gesellschaftlichen Problem werden kann, sind Präventionsmaßnahmen zunehmend im Gespräch. Kinder- und Jugendärzte sehen neben den Chancen der Mediennutzung zunehmend auch die Schattenseiten dieser Entwicklung. Die Auswirkungen auf die Gesundheit der Kinder und Jugendlichen sind vielfältig. Zunehmende Konzentrationsstörungen, Schlafstörungen, reduzierte Kreativität, Bewegungsmangel und abnehmende schulische Leistungen sind nur einige Aspekte, die beobachtet wurden. Die modernen Medien sollten unsere reale

Welt ergänzen, jedoch nicht ersetzen. Das klingt erst einmal völlig banal, aber dadurch, dass *alle es machen,* orientiert man sich erst einmal an dem, was alle machen. Eine gewisse Kompetenz im Umgang mit elektronischen Medien muss demnach zuvor erlernt werden und ein gutes Gespür für das, was unser Leben bereichert, statt es zu beherrschen, erst entwickelt werden.

Im Anschluss finden Sie einige Empfehlungen der Kinder- und Jugendärzte, wie Sie Ihr Kind darin unterstützen können, durch einen *achtsamen Bildschirmgebrauch* der Entstehung eines suchtartigen Nutzungsverhaltens entgegenzuwirken. Es ist Ihre Aufgabe als Erziehungsberechtigte Ihr Kind in dem Prozess der Entwicklung einer Medienkompetenz zu unterstützen, damit es einen eigenverantwortlichen und selbstkritischen Umgang mit digitalen Medien erlernt. Einem 15-jährigen Teenager werden Sie schwer Regeln auferlegen können, was die Nutzungszeiten seines Smartphones betrifft, aber Sie können immer als gutes Vorbild fungieren. Selbst wenn Sie aufgrund von unzähligen Diskussionen über die Mediennutzung genervt sind, so hören Sie bitte nicht auf, immer wieder mit Ihrem Kind darüber ins Gespräch zu kommen. Je besser Sie über die Aktivitäten und Kontakte Ihres Sprösslings Bescheid wissen, desto besser können Sie ihm auch dabei helfen, seine Privatsphäre zu schützen und ihm gleichzeitig den nötigen Gestaltungsspielraum zugestehen. Wenn Sie Interesse für das zeigen, was Ihr Kind begeistert und ihm auch eine gewisse digitale Kompetenz zusprechen, so wird es sich besser verstanden fühlen und sich am ehesten auf gemeinsame Vereinbarungen einlassen.

Eine Verhaltenstipps

* Verwenden Sie selbst technische Geräte zielorientiert und nicht aus Langeweile.
* Trennen Sie Mahlzeiten und den Gebrauch von Bildschirmmedien.
* Sorgen Sie in der Freizeit für mehr Bewegungszeit als Bildschirmzeit.
* Ermöglichen Sie Ihrem Kind einen gesunden Schlaf durch bildschirmfreie Schlafräume und Einschlafrituale ohne Mediennutzung.
* Stellen Sie klare Regeln auf und begrenzen Sie die Bildschirmnutzungszeiten vor dem Einschalten.
* Halten Sie Altersbeschränkungen für Computerspiele, Filme und soziale Medien ein, beziehungsweise zeigen Sie Interesse für alles, was Ihr Kind in seiner Freizeit am Computer macht.
* Besprechen Sie klare Regeln für die Nutzung des Smartphones oder regulieren dies beispielsweise über einen Handynutzungsvertrag oder eine App.

* Sorgen Sie für eine sexuelle Aufklärung Ihres Kindes, bevor es sich diese selbst aus dem Internet holt (siehe Kap. 9).
* Sprechen Sie frühzeitig mit Ihrem Kind über die allgemeinen Risiken der Internetnutzung, bevor es über einen eigenen Internetzugang verfügt (Datenschutz, soziale Medien, Gewaltdarstellungen, Drogen, Pornografie, Glücksspiel etc.).
* Gestatten Sie sich selbst und Ihrem Kind, auch zeitweilig nicht erreichbar und unabhängig vom Smartphone zu sein.
* Unterstützen Sie die Kommunikation ohne elektronische Medien.
* Wenn Ihr Kind beginnt, das soziale Leben zu vernachlässigen, denken Sie bitte über professionelle Hilfe nach.

Wer einmal selbst seine Smartphonenutzung überprüfen möchte, der kann dies auf einer anonymen Testplattform des Instituts für Psychologie und Pädagogik der Uni Ulm machen: https://www.smartphone-addiction.de

Unter der folgenden Adresse werden mehrere Apps vorgestellt, die die Handynutzungszeit festhalten:

https://www.turn-on.de/tech/topliste/handysucht-app-diese-6-anwendungen-erfassen-deine-handynutzung-335306

Eine weitere Möglichkeit, um in einem Selbsttest zu erfahren, welche Rolle das Internet für einen selbst spielt, bietet die Bundeszentrale für gesundheitliche Aufklärung (BZgA) unter der Webseite https://www.ins-netz-gehen.de.

Ermutigen Sie Ihr Kind, einen Selbsttest gemeinsam mit Ihnen durchzuführen.

Einige weitere Hilfsangebote finden Sie unter

www.multiplikatoren.ins-netz-gehen.de
www.onlinesucht-ambulanz.de
www.klicksafe.de
www.spielbar.de
www.chatten-ohne-risiko.net

9

I wie Intimität

Intimität beschreibt einen Zustand tiefster Vertrautheit. In keiner anderen Entwicklungsphase spielt die Intimsphäre eine so große Rolle wie in der Pubertät. Vor allem die körperliche Intimität wird erstmalig entdeckt und in der Regel als sehr aufregend erlebt. Intimität und körperliche Nähe sind steigerbar, sodass körperliche Nähe im Sinn von Blickkontakt, Körperkontakt an bekleideten Körperteilen, im Gesicht, am Kopf oder auch an den Geschlechtsteilen sich so weit steigern können, bis es zu der tiefsten Intimität, dem Geschlechtsverkehr, kommt. Es werden erste Liebesbeziehungen geführt.

Auch kleine Kinder haben schon eine Sexualität, die mal mehr, mal weniger öffentlich ausgelebt wird. Ob es nun Mädchen sind, die fröhlich auf Stühlen herumrutschen, oder Jungen, die sich immer wieder die Hand in die Hose stecken und ihren Penis kneten – das ist etwas ganz Natürliches. Der Körper und vor allem die Genitalien werden bei sich und den anderen Kindern erforscht. Der Mensch ist ein sinnliches Wesen, das mit dem Tag der Geburt anfängt zu saugen, zu drücken, aufzunehmen und auszuscheiden. Das dabei entstehende sinnliche Erleben wird zunehmend bewusster wahrgenommen bis zu dem Zeitpunkt, an dem das Kind erkennt, dass es solche Vorgänge selbst kontrollieren und steuern kann. Dabei entsteht ein Autonomiegefühl und ein Lusterleben, das weiter erforscht und erprobt werden möchte. Diese Art der Sexualität hat nichts mit der eines Erwachsenen zu tun, da sie vorwiegend auf den Gewinn schöner Gefühle abzielt, ausschließlich selbstbezogen ist und ohne irgendeinen Hintergedanken stattfindet. Leider ist diese kindliche Sexualentwicklung gesellschaftlich noch

© Springer Fachmedien Wiesbaden GmbH, ein Teil von Springer Nature 2020
C. Kattan, *Durch die Pubertät von A bis Z*, https://doi.org/10.1007/978-3-658-28133-5_9

weitgehend tabuisiert, nicht zuletzt weil eine allgemeine Verunsicherung vorherrscht, wie man damit am besten umgeht.

Je natürlicher und kindgerechter mit dieser kindlichen Lust umgegangen wird, desto unbefangener und bewusster kann sich die weitere Sexualität entwickeln. Eine altersgerechte Aufklärung über Schamgefühle, den Umgang mit Zärtlichkeiten und der Unterschied zwischen „richtiger und falscher" Intimität kann mithilfe von Büchern oder Gesprächen auch schon im Kindergarten- und Grundschulalter erfolgen. Denn sexueller Missbrauch ist leider weiterhin ein relevantes Thema, da jährlich mehr als 11.000 Fälle von sexuellem Kindesmissbrauch verzeichnet werden und die Dunkelziffer um einiges höher liegen wird. Bei Jugendlichen ist die Zahl der gemeldeten Vorfälle ähnlich hoch, wobei die Datenlage zur Häufigkeit in Deutschland als dürftig gewertet wird. Aufgrund der vielfältigen Misshandlungsarten und der einzelnen Schweregrade ist es zudem schwierig, eindeutige Zahlen zu nennen. Bekannt ist aber, dass Frauen und Mädchen mit Beeinträchtigungen und Behinderungen besonders häufig Opfer sexueller Gewalt werden. Aktuellen Studienergebnissen zufolge hat jeder siebte bis achte Erwachsene in Deutschland sexuelle Gewalterfahrungen in seiner Kindheit erlebt, was die Relevanz dieser Problematik verdeutlicht.

Mit einem sexuellen Übergriff ist „jede sexuelle Handlung gemeint, die an oder vor einem Kind entweder gegen den Willen des Kindes vorgenommen wird oder der das Kind aufgrund körperlicher, psychischer, kognitiver oder sprachlicher Unterlegenheit nicht wissentlich zustimmen kann. Der Täter nutzt seine Macht- und Autoritätsperson aus, um seine eigenen Bedürfnisse auf Kosten des Kindes zu befriedigen" (Definition von Bange und Deegener 1996).

Je offener und unbefangener Sie Ihr Kind über diese Art der strafbaren körperlichen Berührungen oder andere sexualisierte Handlungen aufklären, desto größer wird die Wahrscheinlichkeit sein, dass es sich im Fall eines sexuellen Übergriffs einer Bezugsperson anvertraut. Die Folgen von sexuellen Gewalterfahrungen an Kindern und Jugendlichen sind häufig so gravierend, dass durch diese seelischen Wunden lebenslange Beeinträchtigungen im Sinn von schwerwiegenden psychischen Störungen auftreten können. Da diese Übergriffe vorwiegend im familiären Umfeld stattfinden, ist die emotionale Belastung und Abhängigkeit der Betroffenen besonders groß.

Im Alter zwischen zehn und zwölf Jahren wird für die Kinder das andere Geschlecht interessant und es entwickelt sich ein erstes sexuelles Interesse. Hormonelle Veränderungen im Rahmen der beginnenden Pubertät bewirken erste Verliebtheitsgefühle und erotische Fantasien. Die körperlichen und emotionalen Veränderungen irritieren und beschäftigen die Jugendlichen, sodass ein Rückzug in das eigene Zimmer immer häufiger vorkommen kann. Das ist völlig normal, da erste Schamgefühle erlebt werden, ein Umgang mit den körperlichen Veränderungen gefunden werden muss und der eigene Körper besser kennengelernt wird. Die Wahrung dieser Intimsphäre ist enorm wichtig und sollte von den Eltern respektiert werden. Mit dem Eintritt der Geschlechtsreife werden einige Eltern zunehmend nervös, was den Umgang mit gegengeschlechtlichen Freundschaften betrifft. Vertrauen Sie Ihrem Nachwuchs, dass er die nötige Reife besitzt, die richtigen Partner auszusuchen und gute Entscheidungen zu treffen.

Obwohl ein Großteil der Jugendlichen den ersten Geschlechtsverkehr erst mit 17 oder 18 Jahren erlebt, erscheint es sehr sinnvoll zu sein, frühzeitig über die Risiken eines unüberlegten oder ungeschützten Intimkontakts zu sprechen.

Sie können Ihr heranwachsendes Kind dahingehend schützen, indem Sie Ihre Bereitschaft signalisieren, über alle aufkommenden Fragen zu sprechen. Ein erstes Aufklärungsgespräch findet zwar in der Regel in der Schule zwischen der sechsten und achten Klasse statt, Sie sollten es aber von Ihrer Seite nochmals aufgreifen, bevor Ihr Teenager den ersten Übernachtungsbesuch nach Hause bringt. Da dieses Thema auf beiden Seiten oftmals sehr schambelastet ist, wird Ihr Nachwuchs vermutlich eher *google* befragen, als sich einem möglicherweise peinlichen Gespräch mit Ihnen auszusetzen. Umso wichtiger ist es, dass Sie Ihre Offenheit im Umgang mit diesem Thema signalisieren und sich gesprächsbereit zeigen. Bieten Sie Ihrem Kind an, auch etwas über Ihre eigenen sexuellen Erlebnisse und ersten Liebeserfahrungen zu erzählen. So können Sie vermitteln, was respektvolle, wohltuende und befriedigende Liebesbeziehungen ausmachen und Ihr Kind auf Anzeichen einer möglicherweise schädigenden Beziehungserfahrung aufmerksam machen. Als Eltern wünscht man sich, dass das „erste Mal" in guter Erinnerung behalten wird. Den Nachwuchs zu ermahnen, sich für den Richtigen aufzusparen, kann für den experimentierfreudigen Teenie sehr abstrakt klingen. Dennoch können Sie versuchen, diesen Grundgedanken in Ihrem Gespräch zu vermitteln.

Unabhängig davon, wie sehr sich Ihr Teenager Ihnen gegenüber öffnet, können Sie ein guter Beobachter bleiben und mögliche Wesens- oder Verhaltensänderungen rechtzeitig wahrnehmen. So haben Sie deutlich mehr Einflussmöglichkeiten, als wenn Sie überhaupt keine Ahnung haben, „was gerade abgeht". Dennoch wird Ihr Kind seine eigenen Erfahrungen machen wollen und sich nicht unbedingt reinreden lassen, auch wenn der oder die aktuelle Partnerin acht Jahre älter ist, zu viel feiern geht, Cannabis raucht oder die Schule abgebrochen hat. Bleiben Sie immer im Gespräch, egal wie viel Zurückweisung Sie erfahren haben. Es ist wichtig, dass Kinder ihre eigenen

Erfahrungen machen. Je besser Sie sie vorab darauf vorbereitet haben, auf welche Situationen sie sich gar nicht erst einlassen sollten, umso geringer ist die Wahrscheinlichkeit, dass Ihr Kind auf die schiefe Bahn kommt.

Auch über **Verhütungsmethoden und sexuell übertragbare Erkrankungen** sollten Sie etwas detaillierter sprechen. Vor einigen Jahren sprach man in diesem Zusammenhang vorwiegend über HIV.

Daneben gibt es eine Reihe an Erkrankungen wie Hepatitis B, Syphilis, Gonorrhoe (Tripper), Herpes genitalis, Chlamydieninfektionen, Trichomonaden und die Ansteckung mit High-risk-Papillomaviren, von denen einige die Entstehung von Gebärmutterhalskrebs verursachen können. Unbehandelte Chlamydieninfektionen führen beispielsweise häufig zu einer Sterilität und an der Lebererkrankung Hepatitis B kann man sogar versterben. Seit 1995 wird von der ständigen Impfkomission (STIKO) auch für Säuglinge und Kleinkinder eine Impfung gegen Hepatitis B empfohlen. Vor allem die Zunahme der klassischen Geschlechtskrankheiten wie Syphilis, Gonorrhoe und Chlamydien bedeuten heutzutage wieder ein zunehmendes Infektionsrisiko. Das Kondom ist weiterhin das beste Mittel zur Verhütung von Geschlechtskrankheiten. Es kann nicht schaden, wenn Sie eine Packung Kondome im Badezimmer – für den Nachwuchs gut zugänglich – aufbewahren.

Da es den Jugendlichen meist extrem peinlich ist, so etwas mit den eigenen Eltern zu besprechen, sollten Sie einen geeigneten Moment abpassen und darauf achten, dass Ihre Fragen nicht in einem Verhör enden, das Ihr Kind zum Schweigen bringt.

Mit zunehmenden Sexualkontakten in der Pubertät festigt sich dann auch die **sexuelle Orientierung.** Das beinhaltet vor allem, zu welchem Geschlecht oder Geschlechtern sich ein Mensch überwiegend hingezogen fühlt. Dabei spielen das Reproduktionsinteresse, Gefühle, romantische Liebe, Sexualität und Zuneigung eine Rolle. Es gilt mittlerweile als gesichert, dass sich die sexuelle Orientierung bereits früh im Leben ausbildet und völlig unbeeinflusst ist von Erziehungsstilen oder früheren Missbrauchserfahrungen oder Verführungserlebnissen. Es gibt hingegen Indizien, die auf eine genetische Komponente hinweisen. Wenn Jugendliche nach ihren ersten sexuellen Erfahrungen zunehmend die Gewissheit bekommen, dass sie sich beispielsweise mehr von dem eigenen Geschlecht angezogen fühlen, dann kann das zu einer Identitätskrise führen. Es steht eine schwierige Identifikationsaufgabe vor diesen Jugendlichen, die viel Mut, Selbstbewusstsein und innere Stabilität erfordert. Ein Prozess, der bis zum Coming-out mit vermehrten psychischen, familiären und sozialen Problemen verbunden sein kann, vor allem wenn die Eltern ein sehr konservatives Welt- und Rollenbild vertreten.

Unsere Welt ist in jederlei Hinsicht bunt gemischt und so auch die sexuellen Interessen und die Sexualorientierung, weshalb sich einige Menschen zur Gruppe der LGBT-Personen (Lesbian, Gay, Bi, Transsexuell) zählen. Genaue Angaben über die Häufigkeit von Homosexualität oder anderen sexuellen Präferenzen ist quasi unmöglich, aber Fachleute gehen von 3–10 % in Deutschland aus, was eine Berliner Online-Studie (Dalia-Studie) 2013 ebenfalls abbildete.

Die folgenden Aspekte sollten Sie für Ihr Aufklärungsgespräch im Hinterkopf haben

* Machen Sie deutlich, dass es sich bei dem Thema Sexualität um etwas ganz normales und natürliches handelt.
* Besprechen Sie das Thema Verhütung, bevor das erste Mal Übernachtungsbesuch geplant ist oder Ihr Teenie von der großen Liebe spricht.
* Versuchen Sie nicht wie ein Sexualtherapeut oder ein Verhütungsexperte aufzutreten. Ein grober Überblick reicht, zumal Sie diese Kompetenz dem Frauenarzt überlassen dürfen.
* Bereiten Sie sich als Eltern auf so ein Gespräch vor und prüfen Sie für sich im Stillen, ob Sie über ein ausreichend gutes Wissen verfügen. Je besser Sie informiert sind, desto treffender können Sie Ihren Teenager beraten.
* Erinnern Sie sich an die Gespräche über dieses Thema mit Ihren Eltern und versuchen Sie das zu vermeiden, was Sie damals als besonders unangenehm empfunden haben.
* Respektieren Sie die Schamgefühle Ihres Kindes und stochern nicht nach, wenn sich Ihr Nachwuchs (noch) nicht an dem Gespräch beteiligt.
* Vermitteln Sie Ihm Werte, die ein erfülltes Sexualleben und eine liebevolle Partnerschaft auf Augenhöhe auszeichnen.
* Sollten Sie nicht so gut in ein gemeinsames Gespräch finden oder sich selbst bei dem Thema zu unsicher fühlen, so können Sie Ihrem Kind zusätzlich Aufklärungsseiten im Internet nennen, die Sie jedoch zuvor auf altersgerecht aufgearbeitete Informationen überprüft haben sollten.

Weitere Informationen finden Sie unter

https://www.bzga.de/infomaterialien/sexualaufklaerung/
https://www.loveline.de

10

J wie Jugendschutzgesetz

Das deutsche Jugendschutzgesetz (JuSchG) ist ein Bundesgesetz zum Schutz von Kindern und Jugendlichen (Minderjährige) in der Öffentlichkeit und im Bereich der Medien.

Die anschließenden gesetzlichen Regelungen sind jedoch nicht ausreichend, um alle Lebensbereiche und Situationen abzudecken. Selbstorganisierte Feiern in Privaträumen und der Aufenthalt mit Freunden im Freien sind damit beispielsweise nicht geregelt, weshalb Sie sich Gedanken machen sollten, welche Vereinbarungen Sie diesbezüglich mit Ihrem Nachwuchs treffen. Im Kap. 14 „Nachtleben" finden Sie für dieses Thema weitere Anregungen und Erziehungstipps.

Gaststätten

Der Aufenthalt in Gaststätten ist Jugendlichen unter 16 Jahren bis 23 Uhr nur in Begleitung eines Erziehungsberechtigten gestattet oder wenn sie eine warme Mahlzeit zu sich zu nehmen. Mit 16 Jahren dürfen sie bis Mitternacht in der Gaststätte bleiben.

Der Aufenthalt in Nachtbars oder Nachtclubs ist Jugendlichen nicht erlaubt.

Tanzveranstaltungen

Ohne die Begleitung einer erziehungsberechtigten Person dürfen Jugendliche unter 16 Jahren an öffentlichen Tanzveranstaltungen nicht teilnehmen. Ab 16 Jahren ist ihnen ein Besuch in beispielsweise einer Discothek bis längstens 24 Uhr gestattet. Abweichende Vereinbarungen unterliegen einer Genehmigung bei der zuständigen Behörde.

© Springer Fachmedien Wiesbaden GmbH, ein Teil von Springer Nature 2020
C. Kattan, *Durch die Pubertät von A bis Z,* https://doi.org/10.1007/978-3-658-28133-5_10

Spielhallen/Glücksspiele

Der Aufenthalt in Spielhallen ist erst nach Erreichen der Volljährigkeit erlaubt. Dasselbe gilt für andere Orte, die aus anderen Gründen jugendgefährdend sind.

Auf Schützenfesten, Jahrmärkten oder ähnlichen Veranstaltungen gilt eine Ausnahme, sofern der zu erzielende Gewinn in Waren von geringem Wert ist.

Alkoholische Getränke

Im Alter von 14 bis 16 Jahren dürfen keine alkoholischen Getränke, auch keine Mischungen von nichtalkoholischen Getränken mit Bier, Wein, weinähnlichen Getränken und Schaumweinen an die Jugendlichen abgegeben werden. Auch Lebensmittel, die Alkohol enthalten, dürfen nicht verkauft oder anderweitig abgegeben werden. Im Alter von 14 Jahren darf Alkohol jedoch in Beisein eines Erziehungsberechtigten getrunken werden.

Rauchen in der Öffentlichkeit/Tabakwaren

An Jugendliche dürfen Tabakwaren oder andere nikotinhaltige Erzeugnisse weder abgegeben noch verkauft, noch im Versandhandel angeboten werden. In der Öffentlichkeit ist das Rauchen oder der Verzehr nikotinhaltiger Produkte Jugendlichen nicht erlaubt. Dasselbe gilt für nikotinfreie Erzeugnisse wie elektronische Zigaretten oder elektronische Shishas.

Trägermedien

Bildträger wie DVD oder CD mit Filmen oder Spielen dürfen Jugendlichen in der Öffentlichkeit nur zugänglich gemacht werden, wenn diese – abhängig vom Alter des Jugendlichen – die Kennzeichnung „Freigegeben ohne Altersbeschränkung", „Freigegeben ab 6 Jahren", „Freigegeben ab 12 Jahren" oder „Freigegeben ab 16 Jahren" tragen. Diese Bildträger und die Hüllen müssen eine gut sichtbare, klare Kennzeichnung tragen. Dasselbe gilt auch für Programme, die an Bildschirmgeräten zum Beispiel in Geschäften gezeigt werden.

Jugendarbeitsschutzgesetz

Es betrifft Jugendliche zwischen 15 und 18 Jahren und regelt eine bezahlte Beschäftigung in Nebenjob, Ausbildung oder einem Gelegenheitsjob. Es macht auch Angaben darüber, welche Tätigkeiten zu gefährlich oder zu anstrengend für Jugendliche sind.

Die Arbeitszeiten sind streng geregelt, weshalb nicht mehr als acht Stunden pro Tag, nicht länger als zehn Stunden am Stück und nicht mehr als vierzig Wochenstunden geleistet werden dürfen.

11

K wie Körperwahrnehmung

Zwischen dem 12. und dem 16. Lebensjahr sind die körperlichen Veränderungen in der Regel besonders ausgeprägt. Diese Entwicklung in Pubertät und Adoleszenz ist durch zwei Vorgänge gekennzeichnet, die charakteristischen Wachstumsvorgänge und die sexuelle Reifung. In dieser Zeit verfestigt sich bei den Heranwachsenden auch ihr *Selbstbild*.

Das Selbstbild setzt sich aus dem zusammen, was wir über uns selbst, unser Handeln, unser Fühlen und unseren Körper denken. Die Annahme unseres Körpers ist ein wesentlicher Aspekt unserer Selbstannahme. Unser *Körperbild* spielt dafür auch eine entscheidende Rolle. Darunter versteht man das eigene Konzept oder Bild über die Größe, Form und Gestalt des eigenen Körpers und die damit verbundenen Gefühle. Dieses entwickelt sich im Lauf der Kindheit und vor allem der Pubertät und hat einen wesentlichen Einfluss auf unser späteres Selbstbewusstsein, unser persönliches Auftreten und die eigene Zufriedenheit mit dem Körper. Die wenigsten Menschen sind mit ihrer äußerlichen Erscheinung gänzlich zufrieden. Und gerade während der körperlichen Veränderungen in der Pubertät müssen die Jugendlichen erst einmal lernen, nicht perfekt sein zu müssen. Vermehrt fettende Haare, Pickel, andere Körperfettverteilungsmuster, unförmige Körperproportionen und peinliche Gerüche machen es den Jugendlichen nicht gerade leicht. Übermäßiges Schwitzen beispielsweise kann zu einem extrem starken Leidensdruck führen. Wenn Salbeitee oder herkömmliche Deodorants keine ausreichende Reduktion der Schweißbildung bringen, so können Sie einen Dermatologen aufsuchen. Das Medikament Vagantin oder auch aluminiumchloridhaltige Gele (Mischung aus der Apotheke) können gut Abhilfe schaffen.

© Springer Fachmedien Wiesbaden GmbH, ein Teil von Springer Nature 2020
C. Kattan, *Durch die Pubertät von A bis Z*, https://doi.org/10.1007/978-3-658-28133-5_11

Aluminiumsalze stehen zwar im Verdacht, das Brustkrebs- und Alzheimerrisiko zu erhöhen, dazu gibt es aber bisher keine ausreichende Studienlage. Spätestens wenn die Schweißränder im T-Shirt regelmäßig bis zum Rippenbogen gehen und zu einer sozialen Einschränkung führen, sollten weitere Maßnahmen zumindest übergangsweise erwogen werden.

Vor allem in dieser ohnehin sehr aufwühlenden, emotional anstrengenden Entwicklungsphase verbinden viele Jugendliche unangenehme Gedanken und Gefühle mit der Betrachtung ihres Körpers. Durch die körperlichen Veränderungen können innerliche Verunsicherungen auftreten und im Vergleich mit Klassenkameraden auch Minderwertigkeitsgefühle entstehen. Darüber hinaus haben die vielen unrealistischen Schönheitsideale und unnatürlichen Vorbilder aus Internetportalen und anderen Medien einen ungünstigen Einfluss auf die Selbstwahrnehmung und Selbstbeurteilung der Jugendlichen. Außerdem ist in dieser Zeit vieles *peinlich*. Man möchte aufgrund von Schamgefühlen das Badezimmer nicht mehr mit den Geschwistern teilen, zieht sich vermehrt hinter verschlossene Türen zurück und ist durch die hormonellen Veränderungen und das launische Verhalten oftmals selbst irritiert.

Ein typisches Phänomen, das bei Unzufriedenheit mit dem eigenen Körper auftritt, betrifft die Vernachlässigung der Körperhygiene. Da bei der Beschäftigung mit dem eigenen Körper unangenehme Gedanken einhergehen können, wird die Körperpflege übergangsweise ausgeblendet. Die Dusche wird gemieden, das Deo vergessen, dreckige Klamotten wieder angezogen, Mund- und Intimhygiene sind böhmische Dörfer. Der Weißfluss, ein vor der Periode auftretender, klarer, weißer vaginaler Ausfluss macht vielen Mädchen zu schaffen. Dieser hat jedoch, solange er nicht auffällig riecht oder ein begleitender Juckreiz auftritt, keinerlei Krankheitswert. Da er oftmals schon zwei Jahre vor der ersten Periode beobachtet werden kann, tritt bei manchen Eltern und Töchtern Verunsicherung auf. Je besser Mädchen über die zu erwartenden körperlichen Veränderungen auf dem Weg zur Frau Bescheid wissen, desto leichter wird es ihnen fallen auch unangenehme Körperempfindungen wie etwa Regelschmerzen anzunehmen.

Die Jugendlichen haben die schwierige Aufgabe vor sich, alles an ihrem Äußeren zu akzeptieren, so wie es ist. Denn das ist der Schlüssel zur Selbstannahme, die eine Grundvoraussetzung dafür ist, sich selbst zu lieben und für sich selbst gut zu sorgen.

Ein kleiner Exkurs

Wenn Kinder in einer sicheren Umgebung aufwachsen, dann lernen sie früh, wie ein positives Körpergefühl mit einer körperlichen Reaktion und den damit zusammenhängenden, wohltuenden Gedanken in Verbindung steht. So werden im Gehirn erste Schaltkreise geschlossen, die die Voraussetzung für die Entwicklung eines körperlichen Selbstgewahrseins sind. Selbstgewahrsein bedeutet, dass wir zu jedem Zeitpunkt in der Lage sind zu erkennen, was in uns los ist und wie wir uns fühlen. Besteht eine gute Verbindung zu den inneren Empfindungen, so können wir darauf vertrauen, dass sie uns zutreffende Informationen vermitteln. Dann haben wir auch das Gefühl, Einfluss auf unseren Körper, unsere Gefühle und unser Handeln zu haben. Nur wenn wir unterscheiden können, was in unserem Körper vor sich geht, erkennen wir auch unsere Bedürfnisse. Das ist der Weg zu psychischer Ausgeglichenheit und körperlichem Wohlbefinden. Denn so können wir jeden unangenehmen oder ungünstigen Zustand rechtzeitig erkennen und im Anschluss verändern.

Falls Sie wahrnehmen sollten, dass Ihrem Kind die pubertätsbedingten körperlichen Veränderungen sehr schwer fallen, so kann Ihr Kind womöglich von den folgenden Tipps profitieren.

Einige Verhaltenstipps

* Vermitteln Sie Ihrem Kind einen selbstfürsorglichen Umgang mit seinem Körper.
* Versuchen Sie Kritik am Äußeren, vor allem an den Körperproportionen, zu vermeiden.
* Erklären Sie Ihrem Kind, dass viele pubertätsbedingte Erscheinungen, vor allem vermehrt unreine Haut, Schweißbildung und fettige Haare, wieder weggehen werden.
* Besteht ein großer Leidensdruck, lassen Sie sich ärztlich beraten. Vor allem gegen Akne oder Hyperhidrosis (vermehrtes Schwitzen) kann effektiv medizinisch vorgegangen werden.
* Versuchen Sie das Selbstbewusstsein Ihres Kindes zu stärken, indem Sie ihm die Schönheit einzelner Körperteile bewusst machen.
* In extremen Fällen von Vernachlässigung der Körperhygiene sollten klare Duschregeln aufgestellt werden, damit Ihr Kind sich nicht selbst in ein „soziales Abseits" schießt.

* Positive Körpererfahrungen durch beispielsweise sportliche Erfolge, Tanz- oder Kampfsportarten können die Beziehung zum eigenen Körper verbessern.
* Leidet Ihr Kind unter Übergewicht, so werden die körperlichen Veränderungen möglicherweise als noch belastender erlebt. Unterstützen Sie es dabei, sein Körpergewicht dauerhaft zu reduzieren.
* Falls sich Ihr Kind zu sehr auf sein Äußeres fokussiert, suchen Sie wachsam nach einem Grund, der möglicherweise eine Kompensation für fehlende andere Erfolgserlebnisse sein könnte.

12

L wie Liebeskummer

Liebeskummer – ein schrecklicher Zustand, der in der Pubertät sehr häufig vorkommen kann. Eltern leiden in der Regel mit ihren Kindern mit. Die Tränen hören nicht mehr auf zu fließen, die Nahrungsaufnahme wird eingestellt, vermehrt das Bett gehütet oder hinter verschlossenen Türen dahinvegetiert.

Liebeskummer – was ist das überhaupt? Und was können Eltern tun, um in dieser emotionalen Ausnahmesituation unterstützend tätig zu werden?

Liebeskummer ist nicht nur ein romantisch verklärtes Gefühl, sondern ein ernst zu nehmender Zustand, der in jedem Lebensalter auftreten kann. Forschungen bestätigten, dass Liebeskummer nicht nur im Kopf entsteht, sondern auch körperliche Reaktionen auslöst, wie bei einer richtigen Erkrankung. Wenn wir verliebt sind, dann spielt unser gesamtes System verrückt. Es wird eine Menge von dem Glückshormon Dopamin und anderen aktivierenden Neurotransmittern ausgeschüttet, die uns ein berauschendes Gefühl geben und unsere Gedanken komplett zu steuern scheinen. Wir können an nichts anderes mehr denken, als an unseren Liebsten oder die Angebetete. Wir fühlen uns wie unter Drogeneinfluss. Dieses Gefühl kann einem Allmachtserleben gleichkommen, das dazu führt, dass wir uns stark, lebendig, inspiriert, widerstandsfähig, gesund und liebeshungrig fühlen. Es setzt uns eine rosarote Brille auf, die uns auch blind machen kann für mögliche partnerschaftsbezogene Schwierigkeiten.

Wenn die Verliebtheit nicht auf Gegenseitigkeit beruht oder wir einen Laufpass bekommen, so stürzt ganz plötzlich dieses Kartenhaus der grandiosen Gefühle zusammen. Wer Liebeskummer hat oder unglücklich verliebt ist, dem geht es richtig schlecht.

© Springer Fachmedien Wiesbaden GmbH, ein Teil von Springer Nature 2020
C. Kattan, *Durch die Pubertät von A bis Z,* https://doi.org/10.1007/978-3-658-28133-5_12

Der Wegfall der Botenstoffe im Gehirn, vor allem des Dopamins, hat für das körperliche Empfinden und das psychische Gleichgewicht einen stark destabilisierenden Effekt und die körperlichen Beschwerden sind manchmal mit Entzugssymptomen einer Suchterkrankung vergleichbar. Übelkeit, Schlafstörungen, Bauchschmerzen, Herzrasen, Konzentrationsstörungen und depressive Stimmung beispielsweise, sind Ausdruck des veränderten Hormonhaushalts und lassen unter Umständen ein richtiges Krankheitsgefühl entstehen. Die Freude am Leben scheint ganz plötzlich weg zu sein und die *allgemeine Sinnfrage* taucht wieder auf. Traurigkeit, Wut, Isolierung und depressive Stimmung haben hier ihre Berechtigung, da ein Aufstauen oder das Zurückhalten dieser Gefühle den Verarbeitungsprozess behindern würden und möglicherweise sogar zu einer depressiven Verfestigung der Symptome führen könnte. Am Ende des Bewältigungsprozesses steht dann idealerweise die Akzeptanz der Situation, die eine Neuorientierung zulässt. Hinzu kommt, dass sich viele Jugendliche oftmals bewusst mit Gefühlen der Ablehnung, Zurückweisung und Eifersucht auseinandersetzen müssen, was zum Auftreten von Minderwertigkeitsgefühlen führen kann oder ein vorhandenes schwaches Selbstwertgefühl weiter schwächt.

Das Erleben von persönlicher Kränkung kann aber auch Vorteile bringen, da es die Entstehung von Wutgefühlen fördert, die bei der Verarbeitung des Kummers eine entscheidende Rolle spielen. Haben wir den Herzschmerz erst einmal hinter uns gebracht, so können wir an dieser Erfahrung wachsen, uns persönlich weiterentwickeln und uns wieder mehr auf uns selbst konzentrieren.

Hat man Liebeskummer, so fühlt man sich immer ein Stück weit allein, egal wie viel Hilfe von außen angeboten wird, denn irgendwie muss man diesen Zustand ja letztlich allein emotional und kognitiv bewältigen und die notwendigen Veränderungen im Denken und Fühlen auch wirklich zulassen wollen. Je länger wir uns hingegen an einen ersehnten, aber scheinbar unerreichbaren Zustand klammern, der uns nicht gut tut, desto länger werden wir auf der Stelle treten. Das letztendlich zu erkennen, ist eine der schwierigsten Entwicklungsaufgaben, die vor Ihrem Kind liegt.

Da sich Jugendliche öfters mal verknallen und die Liebesbeziehungen nicht so lange überdauern, kann Liebeskummer in der Pubertät häufiger auftreten, wird aber glücklicherweise auch schneller wieder vergessen. Wie Ihr Teenager mit Liebeskummer umgeht, hängt von der Intensität der Liebesbeziehung, seiner psychischen Stabilität, dem vorhandenen sozialen Netzwerk und seinen ergriffenen Gegenmaßnahmen zur Trauerbewältigung ab. In ganz extremen Fällen können Betroffene gefühlsmäßig derart überfordert sein, dass sie vermehrt zu Drogen oder Alkohol greifen, um den seelischen Schmerz zeitweilig zu betäuben, die innere Unruhe zu reduzieren oder quälende Gedanken zu verdrängen. Sie sollten versuchen, Ihrem Sprössling zu vermitteln, dass auf diese Weise kein effektiver Verarbeitungsprozess erfolgen kann.

Obwohl es für diesen Zustand der gefühlten *emotionalen Vernichtung* keine Patentlösung gibt, möchte ich Ihnen ein paar Anregungen geben, wie Sie Ihren Nachwuchs in dieser Zeit mental aufbauen und mitfühlend begleiten können.

Einige Verhaltenstipps

* Schauen Sie sich das Liebesleben Ihres Teenagers entspannt an und seien Sie der Seelentröster, wenn etwas schief geht.
* Nehmen Sie die Traurigkeit Ihres Kindes ernst!
* Vermeiden Sie Aussagen wie: „Es gibt auch noch andere nette Männer/ Frauen da draußen". Das führt nur dazu, dass Ihr Kind sich nicht von Ihnen verstanden fühlt oder sogar wütend wird.
* Kluge Sprüche wie: „Morgen sieht die Welt schon wieder anders aus" helfen wenig weiter.
* Fördern Sie den Ausdruck oder die Aussprache von Gefühlen.
* Motivieren Sie Ihren Nachwuchs, aktiv zu bleiben und mit ablenkenden Freizeitaktivitäten auf andere Gedanken zu kommen.
* Versuchen Sie – falls ein vertrauensvolles Gespräch zustande kommt – mit Ihrem Kind das auszusprechen und zu verinnerlichen, was in der Beziehung womöglich störend war oder nicht gut funktioniert hat, damit es die Situation oder die Trennung besser annehmen kann.
* Helfen Sie Ihrem Kind mit ein paar gut gewählten Worten, sein Selbstbewusstsein wieder aufzupäppeln, um mit einer positiven Erwartungshaltung selbstsicher in das nächste Abenteuer zu starten.
* Berichten Sie von Ihren eigenen Erfahrungen und wie es Ihnen damals in ähnlichen Situationen ergangen ist.

13

M wie Mobbing

Für viele Mädchen und Jungen gehört dieser Begriff zum Schulalltag, sodass Studien zufolge eine halbe Million Kinder und Jugendliche in Deutschland davon betroffen sind. Unter Fachleuten wird davon ausgegangen, dass mindestens jeder zehnte Schüler Erfahrungen mit Mobbing macht.

Von Mobbing spricht man, wenn jemand über einen längeren Zeitraum systematisch schikaniert, ausgegrenzt, verbal beleidigt oder körperlich angegriffen wird. Der Begriff ist von dem englischen Wort „mob" abgeleitet, was so viel wie randalierender Haufen oder Meute bedeutet. Das Verb „to mob" bedeutet anpöbeln oder fertigmachen. Das Phänomen kommt in allen Altersstufen vor und ist häufig kein individuelles Problem, sondern ein eskaliertes, strukturelles Gruppenphänomen, das entstehen kann, wenn nicht rechtzeitig eine lösungsorientierte Intervention erfolgt. Unabhängig davon, ob es sich um Drohungen, Hänseleien, sozialen Ausschluss, verbale oder körperliche Gewalt oder andere Formen der persönlichen Kränkung handelt – es sollte keine einzige Form dieser psychischen Verletzungen ignoriert oder verharmlost werden.

Die Auswirkungen solcher Ausgrenzungsversuche sind für Betroffene und ihren weiteren Lebensweg von entscheidender Bedeutung. Die Stärke des vorhandenen Selbstwertgefühls und die allgemeine psychische Stabilität entscheiden darüber, wie gut ein Opfer mit einer solchen Situation umgehen kann. In den meisten Fällen sprechen die Kinder und Jugendlichen jedoch weder mit ihren Eltern noch mit Lehrern über das Problem. Aufgrund von Selbstzweifeln und Schamgefühlen öffnen sich die Betroffenen meist erst spät, da sie die Schuld bei sich selbst suchen oder beispielsweise nicht als

© Springer Fachmedien Wiesbaden GmbH, ein Teil von Springer Nature 2020
C. Kattan, *Durch die Pubertät von A bis Z,* https://doi.org/10.1007/978-3-658-28133-5_13

„Weichei" dastehen wollen. Auch kann die Angst vor einer weiteren Eskalation der Angriffe so groß sein, dass der soziale Rückzug und Schweigen bevorzugt werden. Ein Abfall der schulischen Leistungen, körperliche Symptome wie Kopf- und Bauchschmerzen, Konzentrationsstörungen und Schlaflosigkeit können mögliche Alarmsymptome sein, die Sie hellhörig werden lassen sollten. Auch beschädigte persönliche Gegenstände, ein schnell ausgehendes Taschengeld oder merkwürdige Verhaltensweisen, die Sie sich so nicht erklären können, sind möglicherweise Auswirkungen von solchen Mobbingerfahrungen. Vor allem wenn Ihr Kind plötzlich nicht mehr in die Schule gehen möchte, gibt es dafür sicherlich einen Grund, den Sie erfragen sollten.

Je länger die Mobbingsituation anhält, desto schwieriger ist es, eine Lösung zu finden. Teilen Betroffene ihre seelischen Qualen niemandem mit, so kann es zunehmend zu sozialer Isolation und depressiven Symptomen kommen, die soweit reichen können, dass der Lebensmut und die Lebensfreude verloren gehen. Geht der Psychoterror mit einer systematischen sozialen Ausgrenzung und einer schwerwiegenden Erniedrigung einher, so kann das Überforderungserleben der Opfer so groß werden, dass sie die Situation psychisch nicht mehr ertragen können. Selbstmordversuche sind in solchen Fällen leider keine Seltenheit. Expertenschätzungen zufolge werden 20 % aller jährlichen Selbstmorde durch Mobbing ausgelöst.

Aber wo fängt Mobbing an? Und was gehört zu einer normalen Entwicklung, Kommunikation und Streitkultur unter Jugendlichen dazu? Eltern sind bei diesem Thema oft verunsichert, zumal sie die Mobbingsituation ohnehin nicht allein für ihren Nachwuchs auflösen oder klären können. Die Zusammenarbeit mit einer Vertrauensperson an der Schule oder die Beratung durch einen Schulpsychologen kann hier sehr hilfreich sein. Lehrer können jedoch anfangs kritisch oder überrascht reagieren, da das Mobbing in den überwiegenden Fällen sehr subtil und außerhalb des Unterrichts stattfindet.

Einige Persönlichkeitsmerkmale scheinen die Gefahr zu begünstigen, Opfer eines Mobbingangriffs zu werden. Dazu gehören unter anderem: andersartiges Aussehen, Ungeschicklichkeit, Hilflosigkeit, Unsicherheit, Gutgläubigkeit, starke Religiosität, kulturelle Merkmale und vor allem *uncoole* Kleidung. Schon kurz nach der Grundschule spielen die richtigen Markenaufdrucke auf den Klamotten eine entscheidende Rolle für die soziale Anerkennung und Zugehörigkeit. So abwegig das auch klingen mag, so werden Statussymbole wie Markenkleidung zunehmend zum sozialen Indikator für Gleichrangigkeit und Gruppenzugehörigkeit, die natürlich auch etwas über den sozioökonomischen Familienstatus aussagen und auf diese Weise eine Selektion bewirken.

Cyber-Mobbing

Cyber-Mobbing kann auf vielfältige Weise stattfinden. Über soziale Netzwerke oder Videoportale im Internet, über Instant-Messenger wie WhatsApp oder andere Anbieter, über SMS, E-Mails oder Anrufe, die uns auf dem Smartphone erreichen. Jede Art der absichtlichen Beleidigung, Bedrohung, Bloßstellung oder einer anderen Form von Schikane über einen längeren Zeitraum mithilfe von Internet- oder Mobiltelefondiensten zählt dazu. Häufig nutzen die Täter ein Machtungleichgewicht aus oder schaffen eine *Abhängigkeit*, indem sie das Opfer unter Druck setzen. Ein mögliches Ziel solcher Angriffe kann es sein, das Opfer sozial zu isolieren oder einzuschüchtern. Die Mobbingattacken beginnen häufig in der realen Welt, sodass sich Täter und Opfer oftmals persönlich kennen. Obwohl Betroffene somit häufig einen Verdacht haben, wer hinter diesen Cyber-Angriffen steckt, wird diese zusätzliche Schikane in der Freizeit als besonders belastend erlebt, da somit auch das eigene Zuhause keinen Schutzraum mehr bietet. Die Bedrohungen und Beleidigungen können rund um die Uhr über das Smartphone stattfinden. Die geposteten Inhalte verbreiten sich schneller, als sie gelöscht werden können und oftmals vergessene, längst veraltet Inhalte tauchen wieder in der Öffentlichkeit auf und kompromittieren einen anderen Menschen. Das Ausmaß von Cyber-Mobbing ist somit viel größer, als das Mobbing in der Offline-Welt.

Die direkte Kommunikation unter den Menschen nimmt in unserer Zeitmangelgeneration zunehmend ab und vor allem für Heranwachsende stellt das ein Problem dar. Das richtige Gespür für möglicherweise unpassende oder verletzende Beiträge im Internet geht verloren oder ist gar nicht erst vorhanden, zumal der jeweilige Nutzer nicht einschätzen kann, wie sein Beitrag von den Lesern aufgenommen und verstanden wird. Die emotionalen Reaktionen des Geschädigten sind unbekannt, da bei der Online-Kommunikation weder Gestik noch Mimik des Gegenübers Rückschlüsse auf ein Feedback geben. Im Internet ist es somit sehr leicht, jemand anderen mit Worten oder Bildern zu verletzen. Die psychischen Auswirkungen können für Betroffene gravierend sein. Auch durch die zunehmende Selbstdarstellung und das Heischen nach Anerkennung mit fragwürdigen Beiträgen können sich Jugendliche selbst zu potenziellen Opfern machen. Ein zu offener oder unvorsichtiger Umgang mit sozialen Netzwerken macht angreifbar und kann gravierende Folgen für die eigene Privatsphäre haben. Die sozialen Netzwerke bieten diverse Datenschutzeinstellungen an, die es unter anderem ermöglichen, Kontakte in verschiedene Gruppen einzuteilen, um nur ausgewählte Informationen für einzelne Nutzer oder entfernte Bekannte zugänglich zu machen.

Einige Verhaltenstipps

* Nehmen Sie Ihr Kind ernst, wenn es nicht mehr in die Schule gehen möchte.
* Lassen Sie sich beraten, hören Sie sich um, bevor Sie vorschnell selbst mit dem Täter Kontakt aufnehmen wollen.
* Wenden Sie sich an die Schulleitung, den Elternbeirat oder eine psychologische Beratungsstelle.
* Hinterfragen Sie das Sozialklima der Klasse und wie offen mit diesem Thema umgegangen wird.
* Sobald Sie von der Situation in Kenntnis gesetzt wurden, unterstützen Sie Ihr Kind in seiner Selbstsicherheit und seinem Konfliktlöseverhalten. Soziales Kompetenztraining, Kommunikationstraining und Unterstützung bei der Persönlichkeitsentwicklung werden in vielen Schulen angeboten.
* Empfehlen Sie Ihrem Kind, jeden Angriff schriftlich mit Datum und Schilderung der Situation zu protokollieren.
* Rufschädigende und verletzende Inhalte können Sie theoretisch aus dem Internet löschen lassen, was jedoch aufgrund der Vielzahl an zu bearbeitenden oder zu löschenden Beiträgen einige Zeit dauern kann.
* Motivieren Sie Ihren Nachwuchs, sich weiter zu öffnen, sich Verbündete im Klassenverband zu suchen und selbst aktiv zu werden.

Weitere Informationen und Hilfsangebote

https://www.hilfetelefon.de/gewalt-gegen-frauen/mobbing.html
https://www.hilfetelefon.de/gewalt-gegen-frauen/mobbing.html
http://www.cybermobbing-hilfe.de/
https://www.buendnis-gegen-cybermobbing.de/kontakt/impressum.html
https://starkekids.com/mein-kind-wird-gemobbt/

14

N wie Nachtleben

Die Ausgehzeiten gehören zu den häufigsten Streitpunkten zwischen Eltern und Jugendlichen in der Pubertät. Das Jugendschutzgesetz gibt zwar den rechtlichen Rahmen vor, was aber beispielsweise die Teilnahme an privaten Feiern oder die nächtlichen Aktivitäten in privaten Räumen ausklammert. Eine allgemeine Empfehlung lautet, dass 14-Jährige bis 22 Uhr, 15-Jährige bis 23 Uhr und 16-Jährige bis Mitternacht ausbleiben dürfen; letztendlich obliegt es aber Ihrer elterlichen Entscheidung, die Ausgehzeiten zu kürzen oder durch individuelle Absprachen und Ausnahmen zu verlängern. Ihr Teenie wird in jedem Fall immer wieder eine Verlängerung der Ausgangszeit mit Ihnen verhandeln wollen.

Jetzt ist Ihre Kompromissbereitschaft, die Einschätzung der psychischen Reife Ihres Kindes und ein gutes Vertrauensverhältnis entscheidend für alle weiteren Verhandlungen. Bevor Sie sich mit Ihrem Nachwuchs an den Verhandlungstisch setzen, ist es sehr wichtig, dass Sie sich mit Ihrem Partner über die Ausgangsregelungen und Verbote einig sind. Andernfalls wird es ein Leichtes sein für Ihren Teenie, Sie gegeneinander auszuspielen. Jugendliche haben erstaunliche Tricks auf Lager und verstehen es sehr gut, dem jeweils strengeren Elternteil in den Rücken zu fallen. Diese Frage der Ausgangsregelung ist ein guter Aufhänger, sich generell einmal als Paar Gedanken darüber zu machen, welche weiteren Konflikte auf die Familie zukommen könnten, welche Erziehungsmethoden Sie vertreten und ob sich Ihre Ansichten über weitere entwicklungsrelevante Themenbereiche decken. Besprechen Sie diese Punkte in einem ruhigen Moment zu zweit und vermeiden Sie jegliche Streitigkeiten vor den Augen der Kinder. Der Rahmen

© Springer Fachmedien Wiesbaden GmbH, ein Teil von Springer Nature 2020
C. Kattan, *Durch die Pubertät von A bis Z*, https://doi.org/10.1007/978-3-658-28133-5_14

für die eigenständigen Entscheidungen sollte genug Freiräume bieten, um sich auszuprobieren und mit den anderen Gleichaltrigen *mithalten* zu können, aber er sollte von den Erziehungsberechtigten unmissverständlich und klar festgelegt werden. Sind die Regeln maßvoll gesetzt, transparent und gemeinsam vereinbart, so wird sich Ihr Kind auch nicht ungerecht oder übermäßig streng behandelt fühlen und bei der erstbesten Gelegenheit ausziehen wollen. Stellen Sie sich jedoch innerlich darauf ein, dass sich diese Gespräche wie ein *Überlebenskampf* anfühlen können. Ihre Befürchtungen und Ängste prallen auf die laut gewordenen Unabhängigkeitsbestrebungen, den Entdeckergeist und Freiheitstrieb Ihres Nachwuchses. Sollten Sie immer wieder in tränenreiche Auseinandersetzungen geraten und das Gefühl haben, Ihr Kind leidet genauso wie Sie unter der Situation, versuchen Sie nochmals Ihre konkreten Sorgen zu äußern und in einem konstruktiven Gespräch weitere Kompromisse zu finden. Sind die Regeln zu streng, dann kommt die Kommunikation häufig zum Erliegen. Hält sich Ihr Kind allerdings nicht an die aufgestellten Regeln oder kann Ihnen für deutliche Verspätungen keine plausible Erklärung liefern, so sollten die besprochenen Konsequenzen auch wirklich folgen.

Wie gut weiß Ihr Kind über die Auswirkungen und Gefahren von Alkohol, Nikotin und auch K.O.-Tropfen Bescheid? Welche Vereinbarungen können Sie treffen, damit Ihr Nachwuchs nach dem Discobesuch zeitnah sicher nach Hause kommt? Nachts per Anhalter fahren, sollte ein absolutes Tabu sein! Wenn Ihr Kind auf die Frage, wie es nach Hause kommt, mit „das weiß ich noch nicht" oder „mit dem oder dem" antwortet, sollte Ihnen das nicht reichen.

Nikotin, Alkohol und Drogen können Sie letztendlich nicht verbieten, aber Sie können vorab ein Gefühl dafür entwickeln, wie viel Erfahrung Ihr Nachwuchs damit gemacht hat und ob es die damit zusammenhängenden Gefahren selbst gut einschätzen kann. Es sollte unmissverständlich kommuniziert werden, dass Komasaufen oder die Einnahme harter Drogen nicht toleriert wird und mit längerfristigen Konsequenzen einhergehen würde. Lesen Sie hierzu mehr im Kapitel „Rauschmittel".

Über K.O.-Tropfen oder andere Faktoren, die zu einem komatösen Zustand führen können, sollten Sie mit Ihrem Nachwuchs unbedingt einmal gesprochen haben. K.O.-Tropfen bergen vor allem für junge Mädchen und Frauen weiterhin eine Gefahr, da sie besonders in Verbindung mit Alkohol als sogenannte *Vergewaltigungsdrogen* eingesetzt werden. Das sind Substanzen, die beispielsweise als Liquid Ecstasy bekannt sind und in hohen Dosen unbemerkt in Flüssigkeiten gemischt werden. Der Täter kann diese farb- und geschmacklosen Tropfen leicht in ein Getränk schütten und dann das abnehmende Kontrollverhalten des Opfers beobachten. Die Wirkung tritt in der Regel nach 10 bis 20 Minuten ein, hängt jedoch stark von der Dosis und der körperlichen Verfassung des Opfers ab. Die initiale Wirkung ähnelt einem leichten Rauschzustand, kann dann aber auch in Übelkeit, Schwindel, Enthemmung oder vermehrtem Redefluss ihren Ausdruck finden. Die Selbstbeherrschung nimmt in der Folge ab, weshalb die Täter diesen Zustand der zunehmenden Willenlosigkeit nutzen, um die Opfer an einen anderen Ort zu bringen. Die Drogen können einen Bewusstseinsverlust und einen damit einhergehenden Gedächtnisverlust für mehrere Stunden bewirken, was eine spätere strafrechtliche Verfolgung der Täter erschwert. Nicht selten erwachen Betroffene in den Wohnräumen der Täter, die diese Situation für einen sexuellen Übergriff missbrauchen. Nach Möglichkeit sollten deshalb alle Getränke, die während einer Party oder während eines Discobesuchs konsumiert werden, nicht irgendwo unachtsam abgestellt werden. Je besser Jugendliche über solche Gefahren und die körperlichen Anzeichen solcher Drogenwirkungen Bescheid wissen, desto besser können Sie sich gegenseitig davor schützen beziehungsweise aufeinander aufpassen.

Regeln und auch Verbote sind für Kinder und Jugendliche enorm wichtig, da sie ihnen in unserer heutigen, schnelllebigen und teils gefährlichen Welt eine weitere Orientierungshilfe geben und sie dabei unterstützen, die eigenen Grenzen besser einzuschätzen. Haben die Heranwachsenden zu viele Freiheiten und Wahlmöglichkeiten, so kann dies schnell in einem Gefühl der Überforderung enden oder auf die schiefe Bahn führen. Damit Ihr Kind Sie ernst nimmt und von diesen Grenzsetzungen auch profitieren kann, sollten Sie im Fall eines Regelverstoßes die angedrohten Konsequenzen auch folgen lassen. Ein vorübergehender Hausarrest hat noch keinem geschadet und lässt Ihren Nachwuchs spüren, dass es für sein Fehlverhalten verantwortlich ist.

Einige Verhaltenstipps

* Lassen Sie sich ins Bild setzen, mit welchen Personen Ihr Nachwuchs den Abend verbringen möchte und welche Aktivitäten geplant sind.
* Vermeiden Sie Kontrollfragen, da diese empfindliche Reaktionen und Ausflüchte hervorrufen können.
* Verständigen Sie sich vorab untereinander darüber, was Sie als Eltern für sinnvoll erachten, und stellen dann gemeinsam Ihre Ausgangsregeln mit Ihrem Kind auf.

- Die klare Benennung oder Verschriftlichung eindeutiger Konsequenzen bei einem Regelverstoß bieten Ihrem Kind eine zusätzliche Orientierung und ersparen Ihnen weitere Diskussionen oder weitere Grenzsetzungen.
- Sprechen Sie sich mit den anderen Eltern ab. Möglicherweise kann auch ein wechselnder Abholdienst Ihre persönlichen Sorgen oder Bedenken reduzieren.
- Falls Ihr Kind mal zu tief ins Glas geschaut haben sollte, belohnen Sie es nicht noch damit, ein Katerfrühstück herzurichten oder die bekotzten Klamotten wegzuräumen.
- Auch hier gilt: Loben Sie Ihren Nachwuchs, wenn etwas gut gelaufen ist und Sie sich über die Zuverlässigkeit oder das entgegengebrachte Vertrauen freuen.

15

O wie Orientierungslosigkeit

Vor allem während der Pubertät leiden viele Jugendliche unter einer Orientierungslosigkeit, die unter anderem dadurch entsteht, weil viele innerlich aufwühlenden Erfahrungen gemacht werden, die noch nicht richtig eingeordnet werden können. Das Streben nach Selbstbestimmung und Eigenständigkeit widerspricht dem Wunsch nach Fürsorge und Begleitung durch die Eltern. Man beginnt, sich von den Eltern abzulösen und entwickelt eine eigene Weltsicht. Der Körper verändert sich, die Psyche wird reifer und Gedankengänge werden häufig tiefsinniger und vor allem schneller. Sinnkrisen kommen ebenso regelmäßig vor wie Liebeskummer. Die Welt steht häufiger mal Kopf und es herrscht ein Chaos der Gefühle. Das ist alles völlig normal, kann aber dazu führen, dass die Jugendlichen nicht mehr wissen, was sie wollen und jegliche Entscheidung vermieden wird. Auflehnendes Verhalten, vermehrter Rückzug in die eigenen vier Wände und gedrückte Stimmung können Ausdruck einer solchen Orientierungslosigkeit sein. In der Adoleszenz, das ist die Zeit von der späten Kindheit bis zum vollen Erwachsensein, werden den Jugendlichen immer wieder die Grenzen ihrer eigenen Fähigkeiten aufgezeigt. Sie müssen lernen, dass Niederlagen ebenso zum Leben dazu gehören wie Erfolgserlebnisse. Durch negative Erfahrungen können zahlreiche Ängste und Unsicherheiten entstehen, mit denen der Jugendliche überfordert ist, da keine ausreichende emotionale Reife vorliegt. Gefühle werden jetzt ganz anders wahrgenommen durch die damit zusammenhängenden, komplexeren Gedankengänge. Der Heranwachsende spürt sich jetzt ganz anders, als es noch in der Kindheit der Fall war.

© Springer Fachmedien Wiesbaden GmbH, ein Teil von Springer Nature 2020
C. Kattan, *Durch die Pubertät von A bis Z*, https://doi.org/10.1007/978-3-658-28133-5_15

Erst wenn wir uns mit unseren eigenen Gefühlen beschäftigen, Körper-empfindungen rechtzeitig wahrnehmen und benennen können, dann lernen wir uns selbst kennen. Die eigenen Empfindungen dann auch richtig zu deuten, ist eine Grundvoraussetzung, um darauf im Anschluss angemessen zu reagieren und den eigenen Bedürfnissen gerecht zu werden. Dieses Selbst-empfinden entscheidet letztendlich darüber, wie selbstsicher wir uns im Leben bewegen und welches Grundgefühl uns dabei begleitet. Das klingt erst einmal sehr banal, ist es aber nicht, denn sonst wüsste Ihr Nachwuchs ziemlich genau, was ihm am Herzen liegt und welches längerfristige Ziel im Leben angestrebt werden soll. Je besser Ihr Kind lernt, aufkommende Emp-findungen bewusst wahrzunehmen, desto leichter kann es daraufhin auch überschäumende Emotionen regulieren und sich nach einer Phase der Auf-gewühltheit selbst wieder beruhigen. Je besser diese Selbstregulationsfähig-keit wird, desto geringer ist das empfundene Stressniveau. Das Gefühl zu bekommen, die eigenen Gefühle kontrollieren zu können, ist eine wertvolle Erfahrung, die Heranwachsende erst nach und nach machen und die immer wieder aufs Neue eine emotionale Bewältigungsarbeit erfordert. Die Kont-rolle über die eigenen Gefühle zu behalten, gibt Selbstsicherheit, da sie die Gewissheit mit sich bringt, auch in schwierigen Lebenslagen der Situation gewachsen zu sein und einen Ausweg zu finden.

Eltern sind oftmals beunruhigt, wenn sie den Eindruck bekommen, ihr Kind tappe völlig im Dunkeln und wisse überhaupt nichts mit seinem Leben anzufangen. Auch die Frage nach einer beruflichen Zukunftsperspektive kann viele Jugendliche während dieser Zeit sehr ratlos und ideenlos aussehen lassen. Zuvor völlig eindeutige Ziele können wieder in der Versenkung ver-schwunden sein und Zukunftspläne über Bord geworfen werden. Ihr Kind ist einfach nur vercheckt, verpeilt und unkonzentriert. Im Kinderzimmer kann ebenso viel Unordnung herrschen wie in seinem Kopf. Das kann soweit gehen, dass manche Kinderzimmer wirklich wie Saustalle aussehen, tagelang nicht gelüftet werden und von müffelnden, ungepflegten, das Tages-licht meidenden Pubertieren besetzt werden. Seien Sie sich darüber bewusst, dass diese Phasen völlig normal sein können und bringen Sie Verständnis für das gedankliche und emotionale Chaos Ihres Nachwuchses auf. Wenn die Essensreste im Zimmer Beine bekommen und die dreckige Wäsche bis in den Flur zu riechen ist, dann waren Sie zu verständnisvoll. Möglicherweise wissen Sie mit der Planlosigkeit Ihres Nachwuchses nicht anders umzugehen, als selbst die Zügel in die Hand zu nehmen und als Manager zu fungieren. Aber das hilft Ihrem Kind sicherlich nicht weiter, da es selbst aktiv werden muss und nur aus eigenen Erfahrungen lernt. Für Dauerchillen brauchen Sie selbstverständlich kein Verständnis aufbringen. Es sollte überdies für alle Familienmitglieder klar sein, dass jeder seinen Beitrag im Haushalt leistet und seinen persönlichen Verpflichtungen zumindest anteilig nachkommt, bevor man sich im Kinderzimmer verbarrikadiert. Putzen und Aufräumen gehören für die wenigsten Menschen zu den Lieblingsdisziplinen, weshalb ein rotierender Plan für Arbeiten im Haushalt Abhilfe schaffen kann.

Selbst wenn Ihnen die Ziellosigkeit Ihres Kindes Sorgen bereitet, so gibt es ein paar gute Gründe, die dafür sprechen, dass die Unentschlossenheit aus psychologischer Sicht auch sinnvoll sein kann. Dinge kritisch zu betrachten und das Treffen einer Entscheidung aufzuschieben, kann dazu führen, dass man sich genauer mit den Themen auseinandersetzt. Eine positive, optimistische Haltung kann zwar den Glauben an die eigenen Möglichkeiten stärken, wenn jedoch überwiegend positiv gedacht wird, dann kann das dazu führen, dass Hindernisse nicht ernst genommen und wichtige Ziele auf die leichte Schulter genommen werden. Das reduziert die Erfolgswahrscheinlichkeit, das Ziel auch wirklich zu erreichen. Es scheint viel sinnvoller zu sein, einen realistischen Blick für die erwünschten Zustände zu entwickeln und dementsprechend auch in manchen Situationen demotiviert oder zögerlich zu sein, wenn es gewisse Hindernisse zu überwinden gilt. Denn so besteht ein größerer Anreiz, sich konkret Gedanken darüber zu machen, wie man das persönliche Ziel wirklich erreichen kann. Sie wissen vielleicht von sich selbst, dass es gar nicht so leicht ist, alte Gewohnheiten zu verändern, sonst hätten diese ungünstigen Verhaltensweisen nicht so lange bestehen können. Gabriele Oettingen, eine Psychologieprofessorin an einer Universität in New York, hat sich mit der Frage beschäftigt, auf welche Weise erwünschte Ziele bestmöglich erreicht werden. Dabei beschreibt sie ein Vorgehen, dass sie als „mentales Kontrastieren" bezeichnet. *Mentales Kontrastieren* meint die Gegenüberstellung von attraktiven Zielen und den für die Zielerreichung erforderlichen Aufwand beziehungsweise die zu erwartenden Hindernisse oder Widerstände. Sind mögliche Hürden bekannt und bewusst durchdacht, so kann im Anschluss ein konkreter Plan zur besseren Umsetzung der Wunschziele erstellt werden. Unrealistische Wünsche können mit dieser Herangehensweise schneller erkannt und besser losgelassen werden und Probleme im Allgemeinen klarer benannt und angegangen werden.

Einige Verhaltenstipps

* Zeigen Sie Verständnis für eine gewisse Orientierungslosigkeit und unterstützen Sie Ihren Nachwuchs dabei, die eigenen Stärken wahrzunehmen und zu fördern.
* Helfen Sie Ihrem Kind dabei, dass es sich in dieser Lebensphase nicht verliert, sondern selbst finden kann.
* Unterstützen Sie Ihren Nachwuchs dabei, Entscheidungen zu treffen, indem Sie Pro- und Kontralisten gemeinsam aufstellen.
* Wenn Sie jetzt am Ball bleiben und nicht entnervt aufgeben, dann wird auch bald wieder die Zeit kommen, in der Ihr Kind Ihre Ratschläge zu schätzen weiß.
* Selbst wenn Ihr Nachwuchs bis zu seiner Volljährigkeit und darüber hinaus völlig planlos wirkt und keine Zukunftsperspektive entwickeln konnte – versuchen Sie nach Möglichkeit seine Berufswahl nicht zu beeinflussen. Letztendlich muss Ihr Kind mit dem gewählten Beruf idealerweise ein Leben lang zufrieden sein.

16

P wie Pubertätsentwicklung

Unter der Pubertät versteht man den Teil der Adoleszenz, in dem die Fortpflanzungsfähigkeit durch die Geschlechtsreifung erreicht wird und der Körper vollständig auswächst. Der Beginn der Pubertät ist sehr individuell und unterliegt einem feinen Steuerungsprozess, der unter anderem vom Körpergewicht abhängt. Den Anstoß für diese körperlichen Veränderungen gibt die Hirnanhangdrüse, was zu einer vermehrten Ausschüttung von Geschlechtshormonen führt, bei Mädchen vor allem Östrogen und bei Jungen Testosteron. Die Pubertät wird in der Regel bei Mädchen zwischen dem 10. und 18. Lebensjahr und bei Jungen zwischen dem 12. und 21. Lebensjahr durchlaufen.

Das erste sichtbare Zeichen ist die Ausprägung der sekundären Geschlechtsmerkmale, wie etwa die geschlechtsspezifische Körperbehaarung. Die Entwicklung der primären und sekundären Geschlechtsmerkmale verläuft in fünf Stadien, die als Tanner-Stadien bezeichnet werden. Je nach individueller Veranlagung werden diese Entwicklungsstadien während der Pubertät unterschiedlich schnell durchlaufen. Bei Mädchen beginnt es mit dem Wachstum von Gebärmutter und Scheide, woraufhin danach das Brustwachstum beginnt, was jedoch unterschiedlich schnell passieren kann. Manche Mädchen warten lange sehnsüchtig auf diesen Moment und andere bekommen schnell so viel Busen, dass das zu körperlichen Beschwerden, Fehlhaltungen und Rückenschmerzen führen kann. Etwas später tritt dann die erste Regelblutung (Menarche) auf. Das erfolgt meist zwischen dem 10. und 16. Lebensjahr – durchschnittlich mit 12,5 Jahren. Vor gut 150 Jahren lag das Durchschnittsalter für die erste Regelblutung noch bei ungefähr 17 Jahren, was unter

© Springer Fachmedien Wiesbaden GmbH, ein Teil von Springer Nature 2020
C. Kattan, *Durch die Pubertät von A bis Z*, https://doi.org/10.1007/978-3-658-28133-5_16

anderem auf eine schlechtere Ernährung zurückzuführen ist. Kurz nach dem Auftreten der ersten Regelblutung werden befruchtungsfähige Eizellen gebildet und mit der Zeit pendelt sich die Monatsblutung auf einen regelmäßigen Zyklus ein.

Bei Jungen beginnt es mit einem vermehrten Muskelwachstum, Bartwuchs, tieferer Stimme und der Vergrößerung von Penis und Hoden. In den Hoden werden Spermien produziert, sodass zwischen dem 11. und dem 15. Lebensjahr der erste Samenerguss erfolgen kann. Wenig später befinden sich dann auch fortpflanzungsfähige Spermien im Ejakulat. Das rasante Körper- und Muskelwachstum geht mit einem erhöhten Energiebedarf und einer gesteigerten Nahrungsaufnahme einher. Bei Mädchen ist das Längenwachstum meist mit 17 Jahren abgeschlossen, wobei Jungen noch bis zum 20. Lebensjahr weiter wachsen können.

Durch die hormonellen Veränderungen beginnen die Kinder, das andere Geschlecht mit interessierten Augen zu betrachten, da sie erstmals romantische und sexuelle Gefühle füreinander entwickeln. Das kann zu Verwirrung und inneren Konflikten führen, die eine starke gedankliche Beschäftigung mit sich bringen.

Auch körperlich haben es die Jugendlichen in dieser Zeit nicht leicht. Eine vermehrte Pickelbildung, wachstumsbedingte Schmerzen in den Muskeln von Armen und Beinen, Menstruationsbeschwerden und erstmals auftretende Rückenbeschwerden durch Wachstumsstörungen der Wirbelsäule kommen zu den psychischen Belastungsfaktoren hinzu.

Unterschiede zwischen Mädchen und Jungen
Das Streben nach sozialer Anerkennung, Zugehörigkeit, Freiheit und einer gewissen Überlegenheit ist bei beiden Geschlechtern gleich. Darüber hinaus gibt es aber ein paar charakteristische Unterschiede, die man sich klarmachen sollte.

Für Jungen ist es besonders typisch, dass sie während der Pubertät ihre körperliche Überlegenheit durch zum Beispiel Macho-Gehabe demonstrieren wollen. Rivalitäten und Aggressionen werden eher ausgelebt, als dass die echten Gefühle die dahinterstecken, gezeigt werden. Sie suchen nach Anerkennung durch risikoreiches Verhalten, Angeberei und Machtkämpfe untereinander. Viele Jugendliche legen großen Wert auf ihr äußeres Erscheinungsbild und strapazieren ihre Muskeln übermäßig stark beispielsweise beim Krafttraining im Fitnessstudio. Die vollständige Entwicklung des männlichen Gehirns wird etwas später abgeschlossen als bei Mädchen, was oftmals einen vermehrten Alkoholkonsum, waghalsiges Verhalten im Straßenverkehr und die allgemein erhöhte Risikobereitschaft erklären könnten. Jungen geraten häufiger in Konflikte, wobei Gewalttaten, Kriminalität oder Drogenhandel insgesamt selten vorkommen. Asoziales Verhalten und ausgeprägte Impulsivität führen nicht selten zu Zerwürfnissen innerhalb der Familie.

Für Mädchen sind die körperlichen Veränderungen und ihre Außenwirkung besonders relevant. Sie sind deutlich mehr auf ihren Körper und dessen Reifung fixiert und stellen ihr Körperbild deutlich häufiger infrage, als Jungen es tun. Gespräche mit Freundinnen drehen sich um Kosmetik, Mode, Popstars, ihre Brüste und ihr eigenes Aussehen. Diese Überbewertungen des Äußeren führen deshalb leider auch manchmal zu einer Essstörung. Mädchen neigen zu extremen Ausdrucksformen, sodass hemmungsloses und provokatives Auftreten oder übertrieben anzügliche Kleidung zeitweilig für entsetzte Blicke der Eltern sorgen können. Extreme Stimmungsschwankungen aufgrund der hormonellen Veränderungen vor allem im Östrogenstoffwechsel können häufiger vorkommen

Die Pferdeposter werden aus dem Kinderzimmer verbannt und machen Platz frei für Serienstars oder andere Idole. Vor allem die Väter leiden manchmal darunter, dass die Tochter nun nicht mehr die kleine süße Prinzessin sein möchte, die vom Vater heldenhaft aus dem Burgturm gerettet wird und gern stundenlang auf Papas Schoss sitzt.

Der Beginn der Empfängnisfähigkeit und alle damit zusammenhängenden Konsequenzen und psychischen Faktoren werden als eine einschneidende Erfahrung erlebt. Die große Verlockung der damit einhergehenden Möglichkeiten eines Erwachsenenlebens widersprechen der Sehnsucht, die beschützte und behütete Kindheit fortzuführen. Das führt zu einer inneren Zerrissenheit, die sich in einem Wechselbad der Gefühle zeigen kann. Nicht selten fällt es Vätern schwer, mit dieser erhöhten Sensibilität und Empfindsamkeit umzugehen. Stimmungsschwankungen, Weinkrämpfe, Weltschmerz und Rückzug in das eigene Zimmer kommen häufiger vor, als bei Jungen. Es wird eine ganze Palette an Gefühlen im Eiltempo durchlebt. Ein schneller Wechsel zwischen zickigem Verhalten, albernem Gehabe oder Machtkämpfen mit der Mutter können an der Tagesordnung sein und für Unruhe innerhalb der Familie sorgen.

Einige Verhaltenstipps für Mütter

* Versuchen Sie in pubertätsbedingten Krisen mit den paradoxen Ansprüchen wie „in Ruhe gelassen werden" und „besonders liebevoll getröstet werden" gelassen umzugehen.
* Waren Sie zuvor die engste Verbündete Ihrer Tochter, so leiden Sie womöglich besonders unter den Abgrenzungsbestrebungen Ihres Teenies. Auch mögliche Rivalitätsgefühle können auf beiden Seiten entstehen. Versuchen Sie diese Abgrenzungsvorgänge nicht zu bewerten, sondern warten Sie mit offenen Armen darauf, dass sich Ihre Kinder Ihnen wieder annähern.
* Unterstützen Sie Ihre Tochter darin, Ihre Rolle zur werdenden Frau und die damit zusammenhängende Lebensperspektive als geschlechtsreife Frau und werdende Mutter bewusst wahrzunehmen.
* Extrem anzügliche oder sexualisierte Kleidung sollten Sie verbieten, da Ihre Tochter sich damit keinen Gefallen tut.

Einige Verhaltenstipps für Väter

* Wählen Sie Ihre Aussagen und Kommentare über das Aussehen Ihrer Tochter bewusst aus. Ihre Worte und Bewertungen haben in der Pubertät ein besonders großes Gewicht. Mädchen brauchen vor allem die Bestätigung durch den Vater.
* Meiden Sie Situationen, die Ihre Tochter in ihrer Privatsphäre stören könnten oder sie auf andere Weise peinlich berühren, da sie anrüchig wirken könnten.
* Gehen Sie feinfühlig mit dem möglicherweise täglich wechselnden Bedürfnis nach Nähe oder Abstand um und wahren Sie die Integrität Ihres Nachwuchses im Hinblick auf dieses Thema.
* Versuchen Sie ein möglichst gutes Männerbild abzugeben, denn daran wird sich Ihre Tochter bei der späteren Partnerwahl womöglich unbewusst orientieren.
* Geben auch Sie Ihre eigenen Fehler zu. Werden Sie den Ansprüchen, die Sie einfordern, selbst nicht gerecht, so werden Sie vor allem mit Ihrer Tochter vermehrt Diskussionen führen.
* Ihr Nachwuchs macht durch seine möglicherweise körperliche Frühreife oder auflehnendes Verhalten den Eindruck, deutlich älter zu sein, als er in Wirklichkeit ist. Nehmen Sie Rücksicht darauf, dass pubertierende Kinder im Kopf meist noch sehr *klein* sind.
* Wenn Sie mit Auflagen und Verboten Ihrem Nachwuchs im Nacken sitzen, so werden Sie wenig Kooperationsbereitschaft entgegengebracht bekommen. Warten Sie lieber einmal mehr im Hintergrund in Rufbereitschaft und üben sich derweil in Gelassenheit.

17

Q wie Querulanten

Querulanten sind Streithammel, Menschen, die sich ständig im Verteidigungsmodus befinden und die Mitmenschen durch ihr Verhalten stören. Umgangssprachlich werden damit auch Nörgler, Meckerer und Querköpfe bezeichnet, an die Sie Ihr Kind in der Pubertät durchaus mal erinnern kann.

Hält Ihr Kind sich nicht an Absprachen, ist zunehmend impulsiv, schwer erreichbar oder widersetzt sich bewusst und provokativ den aufgestellten Regeln, so bedeutet das nicht, dass es kein Interesse an einem harmonischen Zusammenleben hat. Versuchen Sie dennoch immer wieder für diesen Ausnahmezustand Verständnis aufzubringen. Im Gehirn Ihres Kindes herrscht nämlich ein großes Chaos, da einige Hirnfunktionen jetzt erst richtig ausgebildet werden und viele Umbauvorgänge stattfinden. Es befindet sich in einem Reifungsprozess und ähnelt in seinen neuronalen Abläufen und Verschaltungen dem unkoordinierten Durcheinander auf einer Großbaustelle. Die einzelnen Bereiche können aufgrund der unterschiedlich schnellen *Baufortschritte* noch nicht effektiv zusammenarbeiten.

Der Zeitpunkt der Reifung eines Gehirnareals scheint auch davon abzuhängen, wann diese Gehirnfunktionen verstärkt gebraucht werden. So sind Areale, die für die Gefühlswahrnehmung und Motorik zuständig sind, schneller ausgereift als komplexere kognitive Funktionen. Mit fortschreitendem Reifungsgrad des Gehirns findet auch eine Umstrukturierung statt, die dazu führt, dass weniger gebrauchte Fähigkeiten wieder abgeschafft werden, sodass die Anzahl an Nervenzellkörpern mit der Pubertät stetig abnimmt. Die graue Substanz in der Großhirnrinde, damit ist die Gesamtanzahl der Nervenzellkörper gemeint,

C. Kattan, *Durch die Pubertät von A bis Z,* https://doi.org/10.1007/978-3-658-28133-5_17

schrumpft. Es findet quasi eine Wegrationalisierung statt, die Platz für häufig gebrauchte Nervenverbindungen macht, die für das jeweilige Leben aktuell genutzte, wichtige Funktionen erfüllen. Neue Gehirnareale wie beispielsweise für die Planungsfähigkeit oder abstraktes Denken bilden sich verstärkt aus.

Durch die vermehrten äußeren Anforderungen und neuen Erfahrungen sind hingegen die Zentren für die Emotionsregulation und die Handlungsplanung schlichtweg überfordert, was die Entscheidungsfindung herabsetzt und zu irrationalem, unverständlichem Verhalten führen kann. Auch eine gewisse Leichtsinnigkeit oder vermehrte Risikobereitschaft sind durch die noch unzureichende Reifung des Präfrontalkortex, eines wichtigen Hirnbereichs für die Impulskontrolle, erklärbar. Emotionen werden während der Pubertät viel schneller wahrgenommen und ungefiltert ausgedrückt, da die kognitive Kontrolle durch frontale Hirnregionen aufgrund von mangelnder hirnorganischer Reife zeitlich hinterherhängt.

Diese Umbauprozesse machen das Gehirn zudem besonders störanfällig. Nicht nur Erfahrungen mit beispielsweise Rauschmitteln können die allgemeinen Hirnfunktionen in dieser Zeit nachhaltig negativ beeinflussen. Auch ungünstige, nicht verarbeitete oder andersartig einschneidende emotionale Erlebnisse können unser Gehirn so stark prägen, dass sich die daraus ergebenden neuronalen Verschaltungen negativ auf unsere weitere Lebensgestaltung auswirken. Mittlerweile geht man in der Medizin davon aus, dass viele psychiatrische Erkrankungen eine Folge solcher gestörten, pubertären Hirnreifungsprozesse sind.

Jetzt wünschen Sie sich vielleicht, dass die Hirnreifung Ihres Teenagers schneller vonstatten gehen möge. Die Umbauprozesse im Gehirn werden Sie jedoch leider nicht beschleunigen können. Sie sollten jedoch auch nicht jedes unangemessene Verhalten auf die mangelnde hirnorganische Reife schieben, denn oftmals spielen innere Widerstände, die dazu führen, dass Ihr Kind sich wie ein Querulant aufführt, eine zusätzliche Rolle. Die Widerstände richten sich nicht gegen Sie als Eltern, sondern gegen Ihre aufgestellten Regeln. Nehmen Sie das an den Tag gelegte, möglicherweise unverschämte Verhalten deshalb nicht persönlich und lassen Sie sich nicht davon provozieren. Kinder müssen rebellieren, um sich selbst zu finden und um sich im Leben behaupten zu können. Die Rebellion ist eine Art Vorbereitung auf die Welt außerhalb des geschützten familiären Raums. Es stärkt die Durchsetzungsfähigkeit und hilft Ihrem Nachwuchs dabei, sich notfalls auch mal einen Platz im Leben zu erkämpfen. Würde sich Ihr Kind kommentarlos und gefügig allen Bedingungen anpassen, so wird es sich später in Konfliktsituationen schwerlich durchsetzen können.

Provozierendes und aggressives Verhalten sind häufig die Folge davon, dass sich Ihr Kind mit schulischen oder privaten Problemen überfordert fühlt und das nicht anders ausdrücken kann. Unverschämtes oder auflehnendes Benehmen als ein Ventil für seelische Belastungen sollten Sie in Betracht ziehen, bevor Sie sich genervt aus der Konfliktsituation zurückziehen oder die Selbstbeherrschung verlieren. Ihr Kind braucht Sie umso mehr, je unangebrachter Sie sein Verhalten finden. Wenn es selbst nicht in der Lage ist, eine Lösung für ein bestehendes Problem zu finden, so sind Ihre Kompetenzen als Eltern gefragt, selbst wenn *das Problem* auf Umwegen an Sie herangetragen wird und sich auf eine unschöne, fordernde oder aggressive Art und Weise bemerkbar macht. Ihr Nachwuchs wird Ihnen später für viele Auseinandersetzungen dankbar sein. Je mehr Reibungsfläche Sie bieten, desto mehr Widerstand werden Sie zwar auch erfahren, aber das ist ein gutes Training für die spätere Durchsetzungsfähigkeit und erhöht die Kompromissbereitschaft.

Wenn sich die Fronten verhärtet haben und Sie mit Ihren bisherigen Erziehungsmethoden und Prinzipien nicht weiterzukommen scheinen, dann ist es Zeit für einen Perspektivwechsel. Über Ihr Kind und den Umgang mit ihm werden Sie sich vermutlich schon viele Gedanken gemacht haben. Deshalb lade ich Sie an diesem Punkt ein, im Rahmen einer kleinen Selbstreflexion über sich selbst und die Werte in Ihrer Familie nachzudenken. Selbstreflexion bedeutet, sich über das vorrangige Handeln, Denken und Fühlen Gedanken zu machen und die eigenen Reaktionen zu hinterfragen und bisherige Erziehungsansichten einer erneuten Prüfung zu unterziehen. Auf diese Weise können Sie neue Lösungsansätze oder Herangehensweisen erkennen und ein besseres Problemverständnis entwickeln. Eine andere Sichtweise oder beispielsweise eine geringfügige Lockerung von Kontrolle kann eine anscheinend verfahrene Situation wieder etwas entwirren und entspannen. Jede Generation hat andere Prioritäten, andere gesellschaftliche Normen zu befolgen und Probleme zu bewältigen. So kann es sein, dass die Konfliktlösungsansätze, die sich zu Ihrer Jugendzeit bewährt haben, nicht mehr zeitgemäß sind.

Ein paar Anregungen zur Selbstreflexion

Sie können diese Aufgabe auch dafür nutzen, Ihre Gedanken schriftlich festzuhalten. Das hilft Ihnen nicht nur dabei, mehr Klarheit über die einzelnen Aspekte zu bekommen, sondern kann auch eine gute Gesprächsgrundlage dafür sein, mit Ihrem Partner zu schauen, inwiefern Sie ähnliche Erziehungsmethoden erfahren haben und inwieweit Ihre jetzigen Erziehungsvorstellungen kongruent sind.

* Welche Werte wurden in der Familie bisher vertreten?

----

* Wer hat das Sagen innerhalb der Familie und wer setzt sich in der Regel durch?

----

* Wie sind Sie bisher mit unangebrachtem oder inakzeptablem Verhalten Ihres Kindes umgegangen?

----

* Gestatten Sie Ihrem Kind genug Raum, seine eigene Meinung zu äußern und dementsprechend auch zu handeln?

----

* Wie viel von Ihren elterlichen Idealen und Moralvorstellungen hat Ihr Kind bisher schon übernommen?

----

* Wie besprechen Sie Meinungsverschiedenheiten und Probleme? Ein Rundumschlag ist häufig nicht sinnvoll. Sie erreichen Ihren Nachwuchs meist besser, wenn Sie sich einzelne Themen separat vornehmen.

----

* Erinnern Sie sich an Ihre eigenen Jugendsünden? So können Sie vielleicht etwas mehr Verständnis für das Verhalten und den Abnabelungsprozess Ihres Kindes aufbringen.

18

R wie Rauschmittel

In anderen Teilen der Welt werden psychoaktive Drogen wie Koffein, Nikotin, Alkohol, Cannabis, Kokain, Betel und Kath traditionell als Genussmittel angesehen. Eine allgemeine Ansicht darüber, inwiefern Drogen- und Genussmittelkonsum gesellschaftlich und volkswirtschaftlich angemessen und tolerierbar ist, besteht nicht, weshalb unter anderem eine weltweite Schattenwirtschaft existiert. Das Gefahrenpotenzial ist jedoch keinesfalls zu unterschätzen.

Sie werden Ihr Kind ebenso wenig vor allen Gefahren beschützen können, wie Sie es davon abhalten werden, mit Nikotin, Alkohol oder anderen Suchtmitteln in Kontakt zu kommen. Es kann aber für Sie von Vorteil sein, über die gängigen Rauschmittel informiert zu sein, ein aufmerksamer Beobachter zu bleiben und ein Gefahrenbewusstsein bei Ihrem Nachwuchs dafür zu wecken. Suchtprävention muss frühzeitig und umfassend ansetzen, da Suchtprobleme ihren Beginn häufig im Jugendalter haben, zu einem späteren Zeitpunkt aber erst sichtbar werden. Der Fokus bei der Prävention liegt auf der Stärkung des Selbstvertrauens und des Selbstwertgefühls der Jugendlichen, um ihre Konflikt- und Kommunikationsfähigkeit zu fördern. Die Jugendlichen sollen ausreichend viel Selbstsicherheit und Selbstverantwortung entwickeln, um sich im richtigen Moment dem Gruppendruck zu entziehen oder in psychischen Krisen bewusst Nein zu Suchtmitteln sagen zu können. Durch die Stärkung der eigenen Handlungskompetenz können die Jugendlichen zu starken Persönlichkeiten heranwachsen, was ein wichtiger Faktor für ein suchtfreies Leben ist. Vor allem durch gelebte Vorbilder können Jugendliche verinnerlichen, dass die Flucht in die Sucht

© Springer Fachmedien Wiesbaden GmbH, ein Teil von Springer Nature 2020
C. Kattan, *Durch die Pubertät von A bis Z*, https://doi.org/10.1007/978-3-658-28133-5_18

keinen Ausweg bietet. Stattdessen müssen andere, konstruktive und gesundheitsfördernde Wege gesucht werden, um psychische Konflikte oder schwere Lebenskrisen zu bewältigen.

Vor allem in der Pubertät können Rauschmittel negative Auswirkungen auf die hirnorganische Entwicklung der Jugendlichen haben. Wenn Sie den Eindruck bekommen, dass Ihr Nachwuchs trotz Ihrer aufgestellten Regeln übermäßig häufig oder viel Alkohol trinkt oder andere Suchtmittel konsumiert, so sollten Sie erst einmal versuchen, ein offenes Gespräch zu führen. Wenn sich die Situation nicht zügig bessert, können Sie sich auch an eine externe Beratungsstelle wenden.

Alkohol
Rund 22.000 Jugendliche werden jedes Jahr mit einer Alkoholvergiftung in Krankenhäusern überwacht. Laut Elternangaben haben 20 % der Kinder zwischen 12 und 17 Jahren bereits einen Alkoholrausch erlebt. Die Ergebnisse einer Studie aus 2018 der Bundeszentrale für gesundheitliche Aufklärung besagt, dass in dieser Altersstufe 8,7 % der Jugendlichen regelmäßig, dass bedeutet einmal pro Woche, Alkohol konsumieren. Obwohl der Anteil der Jugendlichen, die regelmäßig Alkohol trinken, in den letzten Jahren etwas zurückgegangen ist, so weisen in Deutschland dennoch rund 18 % der Männer und 14 % aller Frauen einen riskanten Alkoholkonsum auf. Die deutsche Gesellschaft für Ernährung gibt als Richtwert für eine maximal tolerierbare Alkoholzufuhr 10 g pro Tag für gesunde Frauen und 20 g pro Tag für gesunde Männer an. Diese 20 g entsprechen nur dem Genuss von einem halben Liter Bier, einem viertel Liter Wein oder 0,06 l Weinbrand.

Die Auswirkungen von Alkohol sind auf den jugendlichen Organismus weitaus gravierender als bei Erwachsenen. Der Alkohol flutet schneller an und wird langsamer im Blut abgebaut. Aufgrund des oftmals geringeren Körpergewichts werden die Teenager schneller betrunken und sie gewöhnen sich aufgrund der besonders guten Lernfähigkeit des Gehirns schneller an den Rauschzustand, was das Risiko für eine Abhängigkeitsproblematik erhöht. Der stimmungsaufhellende und ermutigende Effekt kann schnell in Wahrnehmungs- und Aufmerksamkeitsstörungen umschlagen, was bei einem unkontrolliert fortgesetzten Konsum bis zu einer Bewusstlosigkeit (Komasaufen) führen kann. Ab etwa einer Promille spricht man von einem Rauschstadium, das durch eine Verschlechterung der Reaktionsfähigkeit und des räumlichen Sehens, ein herabgesetztes Urteilsvermögen und leichtsinniges Verhalten gekennzeichnet ist. Erhöhte Impulsivität, Drogenkonsum, antisoziales Verhalten und psychische Erkrankungen werden ebenfalls mit einem erhöhten Alkoholkonsum unter Jugendlichen in Zusammenhang gebracht.

Weitere Folgen eines übermäßigen Alkoholkonsums können sein: Verschlechterte Konzentration und reduzierte Lernfähigkeit, körperliche Entwicklungsstörungen, Organschäden, Persönlichkeitsveränderungen, vermehrte Unfallgefahr, Gewaltbereitschaft, erhöhte Gefahr, selbst Opfer eines sexuellen Missbrauchs oder einer anderen Straftat zu werden. Deshalb ist es wichtig, dass Ihr Nachwuchs über die Auswirkungen und Gefahren Bescheid weiß und sein Limit kennt.

Cannabis

Cannabis ist eine indische Hanfpflanze, die die Grundstoffe für Haschisch (das Harz der Pflanze) und Marihuana (die zerkleinerten und getrockneten Blüten und Blätter) liefert. Beides wird vorzugsweise geraucht, kann aber auch in anderer Form oral aufgenommen werden. Das Cannabinoid Tetrahyrocannabinol (THC) entfaltet die stärkste psychotrope Wirkung, die jedoch oftmals stark abhängig von der psychischen Verfassung, der Grundstimmung, der Konsumart und der aufgenommenen Menge ist. Wird Cannabis geraucht, so erreicht es sein Wirkmaximum nach 15 min. Eine orale Aufnahme mithilfe von zum Beispiel Hasch-Keksen kann einen deutlich verzögerten Wirkungseintritt bedingen und durch eine unkontrolliert aufgenommene Menge zu Vergiftungserscheinungen führen. Cannabis wird in Deutschland von 600.000 Menschen regelmäßig geraucht und ist damit das am häufigsten konsumierte Rauschmittel. Bei einem regelmäßigen und frühen Konsum in der Adoleszenz wird das Abhängigkeitspotenzial mit 25–50 % als sehr hoch eingeschätzt. Neben einem allgemeinen Entspannungsgefühl können Glücksgefühle und eine Stimmungsaufhellung eintreten. Ein schlechteres Reaktionsvermögen, Konzentrationsstörungen, Blutdruck- und Pulsanstieg, vermehrte Heißhungeranfälle und gerötete Bindehäute sind die unmittelbaren negativen Effekte des Konsums.

Das sogenannte Kiffen wird von vielen Jugendlichen jedoch lediglich mal ausprobiert und dann wieder eingestellt. Es ist mittlerweile bekannt, dass ein regelmäßiger Cannabiskonsum in der Pubertät die neuronalen Strukturen schädigt, was laut Studien zu schlechteren akademischen bzw. kognitiven Leistungen im mittleren Erwachsenenalter führen kann. Die Gedächtnisleistung, Problemlösefähigkeit, Lernfähigkeit und andere kognitive Funktionen können mit der Zeit deutlich abnehmen. Auch ist das Risiko an einer Schizophrenie zu erkranken bei einem regelmäßigen Konsum mit 2–3 % deutlich erhöht. Bei Patienten mit Suchterkrankungen sind cannabisbezogene Störungen die zweithäufigste Behandlungsdiagnose in psychiatrischen Kliniken.

Seit März 2017 sind Cannabisblüten und deren Zubereitung verschreibungsfähig und kommen vor allem bei chronischen Schmerzzuständen, multipler Sklerose, rheumatischen Erkrankungen und therapieresistenten Krampfanfällen zum Einsatz. Damit eine Verschreibung gerechtfertigt ist, muss eine schwerwiegende, lebensbedrohliche oder die Lebensqualität auf Dauer einschränkende Erkrankung vorliegen. Der cannabinoiden Wirkung ist vor allem eine Reduktion der körperlichen und psychischen Anspannung und eine Verbesserung der Schlafstörungen zuzuschreiben, die den Betroffenen Patienten zwar nicht die Schmerzen nimmt, aber auf andere Weise Linderung verschafft. Deutschland baut 7200 kg Cannabis für medizinische Zwecke an, das ab 2020 geerntet werden kann.

Synthetische Drogen

Es gibt eine Reihe synthetischer Drogen, die als Designerdrogen bezeichnet werden. Alle zu nennen, würde hier den Rahmen überschreiten. Deshalb sei neben den häufig eingenommenen Amphetaminen (Weckmittel) ein Abkömmling dieser Substanzen, das Methamphetamin Crystal-Meth zu erwähnen. Der Konsum ist vor allem bei den unter 16-Jährigen beliebter als herkömmliche Amphetamine und wird vor allem als Partydroge, teilweise jedoch auch täglich, konsumiert. Schüler nutzen sie beispielsweise zur Steigerung der Leistungsfähigkeit, ohne sich der Gefahr einer Zerstörung der Nervenzellen mit Konzentrations- und Merkfähigkeitsstörungen bewusst zu sein. Es kann geraucht, geschnupft, gespritzt und geschluckt werden und hat ein extrem hohes Abhängigkeitspotenzial. Die psychosozialen Folgen sind fatal, da sich irgendwann alles nur noch um die Beschaffung der Droge dreht, während die Konsumenten körperlich und geistig stark abbauen.

Zauberpilze

Pilzdrogen gehören zu den ältesten Drogen der Menschheit und kamen wegen ihrer psychedelischen Wirkung schon in der Jungsteinzeit bei schamanischen Praktiken und anderen religiösen Ritualen zum Einsatz.

Diese Magic Mushrooms enthalten den Wirkstoff Psilocin, dessen Einnahme ähnliche Rauschzustände auslöst wie die Droge LSD. Es tritt eine Veränderung von Wahrnehmung und Bewusstsein auf, wobei die Wirkung sehr individuell ist. Generell ist eine Veränderung der Wahrnehmung und des Bewusstseins zu beobachten. Die psychoaktive Wirkung tritt etwa 10–120 min nach der Einnahme auf, erreicht ihren Höhepunkt nach 1,5–3 h und dauert etwa 3–8 h. Durch eine stark veränderte Zeitwahrnehmung kann die Wirkung länger erscheinen. Besitz und Verkauf von Zauberpilzen ist in Deutschland verboten. Erfolgt der Konsum in einem aufgewühlten psychischen Zustand oder einer unsicheren Umgebung, kann die halluzinogene Wirkung zu anhaltenden Angstzuständen und zu gefährlichen Verhaltensweisen führen.

Magic Mushrooms verändern laut Studien die Persönlichkeit länger als angenommen. So konnte in Studien eine Veränderung im Verhalten dahingehend beobachtet werden, dass Studienteilnehmer auch noch ein Jahr nach dem Konsum als deutlich offener und aufgeschlossener beschrieben wurden. Dieser Effekt könnte, laut Medizinern, sogar von therapeutischem Nutzen sein und im Rahmen von Krebstherapien zur Angstbewältigung und Depressionstherapie eingesetzt werden. Die Auswirkungen sind jedoch keinesfalls zu verharmlosen, da sie zum Auftreten einer Psychose führen können. Diese sogenannte Drogenpsychose ist ein krankhafter Wahnzustand, der durch manche Drogen wie Cannabis, Amphetamine, Kokain, vor allem aber LSD, Meskalin und diese Zauberpilze ausgelöst werden kann. Leider können diese Wahnzustände in seltenen Fällen irreversibel, also unheilbar sein. Das kann soweit reichen, dass ein selbstständiges Leben aufgrund der Wahnsymptomatik, optischen und akustischen Halluzinationen und der damit einhergehenden Realitätsverkennung nicht mehr möglich ist.

Kokain

Dieses starke Stimulans und Betäubungsmittel gilt als eine der beliebtesten Partydrogen der Welt und hat ein extrem hohes psychisches Abhängigkeitspotenzial. Es kann geschluckt, geschnupft, geraucht und intravenös gespritzt werden. Je nach Darreichungsform tritt der Wirkeintritt unterschiedlich schnell ein und hält unterschiedlich lange an. Schätzungen gehen davon aus, dass es nach Cannabis die meist probierte Droge ist. Aufgrund des hohen Suchtpotenzials gibt es dementsprechend viele Gelegenheitskonsumenten. Die Einnahme kann für das Umfeld des Konsumenten lange Zeit unbemerkt bleiben, da aufgrund der spezifischen Wirkung ein normales Leben längere Zeit aufrechterhalten bleiben kann. Die körperlichen Schäden und die psychische Abhängigkeit sind jedoch immens, was den Konsumenten meist nicht bewusst ist.

Schätzungen zufolge liegt der Jahresverbrauch in Deutschland bei 20 Tonnen.

Nikotin

Die schädigende Wirkung von Zigarettenrauch ist hinreichend bekannt. Das Nikotin aus der Tabakpflanze hat anregende und auch beruhigende Effekte auf das Gehirn. Der Tabakrauch enthält aber auch noch über 4800 andere Substanzen, von denen mehr als neunzig in Verdacht stehen, krebserregend oder erbgutverändernd zu sein. Beim Rauchen wird somit eine Vielzahl an Giftstoffen über die Lunge aufgenommen, die bei fortgesetztem Konsum schwere Lungenerkrankungen, Herzerkrankungen und Krebsausbrüche verursachen können. In Deutschland sterben jährlich mehr als 120.000 Menschen an den Folgen von Tabakrauch. Im Schnitt sterben Raucherinnen und Raucher zehn Jahre früher.

Laut Studien spielt für Heranwachsende das Rauchverhalten innerhalb der Familie und der Clique oder Peergroup eine entscheidende Rolle. Insgesamt ist ein Trend zu erkennen, dass es deutlich weniger rauchende Jugendliche gibt, als vor zehn Jahren. Dennoch rauchen immer noch 10 % der 12- bis 17-Jährigen regelmäßig. Als gute Vorbilder sollten Sie weiterhin Ihren Beitrag zur Primärprävention leisten.

E-Zigaretten

Elektronische Zigaretten enthalten keinen Tabak, sind deshalb aber nicht unbedingt weniger gesundheitsschädlich. Sie enthalten ein Liquid, das beim Ziehen an dem Mundstück vernebelt wird. Dieses Liquid enthält Flüssigkeitspartikel, Aromastoffe und den Suchtstoff Nikotin. Weitere Schadstoffe können in dem Aerosol enthalten sein, deren Konzentration bei sachgemäßem Gebrauch jedoch als deutlich geringer eingeschätzt wird als bei einer herkömmlichen Zigarette. Mögliche Gesundheitsgefahren sind jedoch bislang noch wenig untersucht. Das Einatmen wird als Dampfen bezeichnet. Viele Jugendliche und Erwachsene nutzen die E-Zigarette vor dem Hintergrund, weniger Tabak zu rauchen oder ganz davon abzukommen.

Das Tabakrauchen in Wasserpfeifen und E-Shishas ist keineswegs weniger schädlich, sondern wird aufgrund der hohen Schadstoffkonzentration (Teer, Kohlenmonoxid, Nikotin, Arsen, Chrom, Nickel) laut einer Untersuchung des Bundesinstituts für Risikobewertung als weitaus schädlicher angesehen als Zigarettentabak. Die traditionell orientalische Wasserpfeife lockt mit süßlichen Gerüchen in gemütlicher Atmosphäre, ist aber somit gesundheitlich nicht unbedenklich. Vor allem in schlecht gelüfteten Shisha-Bars besteht eine weitere Gefahr durch den steigenden Kohlenmonoxidgehalt in der Luft, was zu lebensbedrohlichen Vergiftungen führen kann.

Einige Verhaltenstipps

* Prüfen Sie für sich, ob Sie ausreichend gut informiert sind, um dieses Thema differenziert mit Ihrem Nachwuchs zu besprechen. Ein generelles Verbot oder ein pauschales Verteufeln aller Genuss- und Suchtmittel scheinen wenig sinnvoll und werden kein konstruktives Gespräch entstehen lassen.

* Klären Sie Ihr Kind sachlich über die Gefahren einer akuten Alkoholvergiftung und die langfristigen Folgen eines regelmäßige Alkoholkonsums auf.
* Die unmittelbaren Folgen des Rauchens wie etwa eine Schwächung des Immunsystems, Zahnverfärbungen und eine frühzeitige Hautalterung schrecken Ihren Nachwuchs vielleicht eher ab, als eine in der Zukunft eintretende Leber- oder Kreislauferkrankung.
* Versuchen Sie sich einen Überblick darüber zu verschaffen, wie gut Ihr Nachwuchs informiert ist und wie viel Erfahrung mit Rauschmitteln bisher gemacht wurden.
* Bringen Sie Verständnis für die Situation und die Meinung Ihres Teenagers auf, denn sonst kann Ihr Gespräch sehr einseitig verlaufen.
* Sprechen Sie es mit Ihrem Nachwuchs offen an, wenn Sie sich Sorgen über sein Trinkverhalten machen.
* Mit jüngeren Jugendlichen bietet sich auch eine schriftliche vertragliche Vereinbarung an, bis zu welchem Alter kein Alkohol getrunken werden darf.
* Eine gegenseitig unterzeichnete Vereinbarung mit dem Ziel, den Führerschein bezahlt zu bekommen, wenn bis zum 18. Lebensjahr nicht mit dem Rauchen begonnen wird, kann die Eigenverantwortlichkeit stärken und ein guter Motivator sein.
* Durch feste Ausgehzeiten geben Sie dem Partyabend Struktur, sodass ein exzessives Trinken oder Drogenkonsum weniger wahrscheinlich sein wird.

Weitere Adressen und Hilfsangebote

https://www.bzga.de/presse/daten-und-fakten/suchtpraevention/
https://www.elternberatung-sucht.de/
https://www.drk.de/hilfe-in-deutschland/gesundheit-und-praevention/
suchtberatung/

19

S wie Schulmüdigkeit

Eine zeitweilig auftretende Lustlosigkeit die Schule zu besuchen ist vor allem in der Pubertät völlig normal, dennoch sollte ein gewisser Trend von Ihnen als Eltern frühzeitig wahrgenommen werden. Ungefähr 15 % aller Schüler und Schülerinnen können als schulmüde bezeichnet werden, wobei in Haupt- und Sonderschulen eine besonders hohe Anzahl an unentschuldigten Fehlstunden gesehen wird. Durch zunehmende Fehlzeiten geht der Anschluss an den Klassenverband verloren, was die Hemmschwelle für den Wiedereinstieg erhöht.

Jährlich verlassen 9–10 % aller Schüler eines Altersjahrgangs die Schule ohne einen Abschluss, was die Möglichkeiten im Hinblick auf eine Berufsausbildung stark einschränkt. Eine langfristige Erwerbslosigkeit und eine soziale Desintegration durch den fehlenden Lebensunterhalt können die Folge sein. Sehr häufiges Schulschwänzen gilt überdies als Risikofaktor für Jugenddelinquenz, was den Einstieg in eine kriminelle Laufbahn begünstigen kann. Delinquenz ist die Neigung, vornehmlich rechtliche Grenzen zu überschreiten und damit straffällig zu werden.

Eine allgemeine Faulheit, ein langweiliger Unterricht oder ein überhöhter Leistungsanspruch sind keine Erklärungen, die dem Problem gerecht werden. Vielmehr ist es das System Schule, das durch fehlende Flexibilität oder mangelndes Problembewusstsein den individuellen Besonderheiten einzelner Schüler nicht gerecht wird. Frühe Hilfen bei ersten Anzeichen sind im Rahmen der Prävention das A und O. In den meisten Schulen wird einiges unternommen, wie standardisierte Erfassungssysteme zur Dokumentation von Fehlzeiten und ein schulinterner Verfahrenskatalog, um gefährdete

© Springer Fachmedien Wiesbaden GmbH, ein Teil von Springer Nature 2020
C. Kattan, *Durch die Pubertät von A bis Z,* https://doi.org/10.1007/978-3-658-28133-5_19

Schüler frühzeitig zu erkennen. Ein restriktives Erziehungsverhalten von Lehrern, bei dem jeglicher Unterstützungs- oder Auffangversuch der Betroffenen unterlassen wird oder das Wegbleiben vom Unterricht ignoriert wird, verschlimmern und chronifizieren die Situation.

Die Ursachen von Schulmüdigkeit und Schulverweigerung können vielfältig sein. Verschiedene Faktoren spielen dabei eine Rolle, weshalb es weder den typischen Verlauf, noch eine charakteristische Persönlichkeitsstruktur oder konkrete soziale Umstände zu benennen gibt. Häufig entwickelt sich eine Eigendynamik, die gar nicht so leicht durchschaut werden kann. Bevor es womöglich aufgrund einer Verkettung von Ereignissen zu einer manifesten Schulverweigerung kommt, können andere Ausprägungsformen von Schulmüdigkeit, wie etwa eine Aufmerksamkeitsverweigerung durch Schlafen im Unterricht, Zuspätkommen, Hausaufgaben vergessen oder ein aktives Stören des Unterrichts vorherrschen. Eine Provokation von Lehrkräften, Mitarbeitsverweigerung, Regelverstöße oder andere unangebrachte Verhaltensweisen können dem Schulschwänzen vorausgehen.

Eine harmlose Erklärung ist die morgendliche Müdigkeit vieler Jugendlicher, die ein zeitgerechtes Aufstehen und Eintreffen zum Unterricht manchmal erschwert. Durch den veränderten Hormonhaushalt in der Pubertät ändert sich auch der Wach-Schlaf-Rythmus, da die Ausschüttung des Schlafhormons Melatonin zeitlich zwei Stunden nach hinten verschoben ist, was zu verlängerten Wachphasen am Abend und starker Müdigkeit am Morgen führen kann. Viele Jugendliche werden plötzlich zu Nachteulen und Morgenmuffeln.

Sehr viel häufiger liegt es jedoch vor allem daran, dass sich die Jugendlichen überfordert oder entmutigt fühlen und nicht daran glauben, ihre schulischen Leistungen verbessern zu können. Ein geringer Selbstwert und fehlende Selbstwirksamkeitserfahrungen spielen eine entscheidende Rolle bei den innerpsychischen Abläufen und Gedankengängen der Betroffenen. Selbstwirksamkeit bedeutet, die Erfahrung zu machen, selbst etwas für sich und sein Leben bewirken zu können. Das sind in der Regel Erfahrungen, die uns inspirieren, bekräftigen, Gefühle von Stolz verursachen und unser Selbstwertgefühl stärken. Unser Selbstwertgefühl erhöht sich durch positives Feedback, schulischen Erfolg, gesellschaftliche Anerkennung und ein harmonisches Familienleben, allgemein also durch verschiedene äußere und innere Einflüsse. Durch tägliche kleine Erfolgserlebnisse und das damit verbundene gute Gefühl können wir unseren Selbstwert aktiv steigern, was uns im Leben beflügelt und vorantreibt. Ohne Erfolgserlebnisse kann auch nicht die nötige Motivation aufgebracht werden, sich mit oftmals trockenem Schulstoff auseinanderzusetzen. Zudem konnte beobachtet werden, dass in Bezug auf die eigenen schulischen Leistungen und andere persönliche

Fähigkeiten keine realistische Einschätzung besteht, was zu einem verzerrten Selbstbild führen kann. Die Stärkung der eigenen Persönlichkeit steht deshalb auch bei diesem Thema ganz im Vordergrund.

Oftmals sind es kleine Gruppen von Jugendlichen, die sich gegenseitig dazu animieren, die Schulzeit in Freizeit zu verwandeln, was sicherlich auch gewisse Anreize birgt. Die Ermutigung durch die Peergroup ist aber oftmals nur der Auslöser für einen ohnehin schon schwelenden Grundkonflikt, wie beispielsweise eine länger bestehende familiäre Problematik. Diese familiären Probleme können dann im Rahmen eines fehlangepassten Bewältigungsprozesses zu Schulverweigerung führen. Der Verlust einer zentralen Bindungsperson beispielsweise führt zu einer psychischen Destabilisierung und Ziellosigkeit des Jugendlichen und kann den Sinn von Schule grundlegend infrage stellen, was die Symptomatik aufrecht hält. Schicksalsschläge oder traumatische Lebensereignisse wie eine Scheidung der Eltern, eine schwere Krankheit, Alkoholismus, sexueller Missbrauch, häusliche Gewalt oder auch nur eine längerfristige Arbeitslosigkeit können ein Auslöser oder Verfestigungsfaktor für Schulmüdigkeit sein. Die individualgeschichtlichen Hintergründe können sehr komplex sein, weshalb ein pauschales Erklärungsmodell hier nicht greift. Letztendlich versuchen die Störenfriede, irgendeinen persönlichen Nutzen oder einen individuellen Gewinn für ihre Lebenssituation zu erzielen. Mit den vermeintlich positiven Konsequenzen suchen sie nach Anerkennung und einer Ersatzbefriedigung für den ausbleibenden persönlichen Erfolg.

Durch Studien ist auch bekannt, dass elterliches Desinteresse am Schulbesuch oder am Lernfortschritt, eine schuldistanzierte Einstellung sowie ein leichtfertiger Umgang mit schulischen Frustrationen und Misserfolgen wesentliche Einflussfaktoren sind. Fühlt sich der Schüler mit seinen Sorgen und Problemen nicht ernst genommen und erfährt wenig Rückhalt in der Familie, so bleiben ihm durch ein Fernbleiben vom Unterricht zumindest weitere Misserfolge erspart.

Viele Eltern fühlen sich hilflos im Umgang mit schulverweigerndem Verhalten. Den Schulen obliegt zwar eine große Verantwortlichkeit, aber ein schnelles Reagieren Ihrerseits reduziert die Gefahr einer Verfestigung der Symptomatik. Die Hintergründe, die individuelle Problematik, Lösungsansätze und mögliche Hindernisse oder Ängste sollten immer mit dem Jugendlichen persönlich besprochen werden. Solange Ihr Kind die Schule besucht, sollten Sie möglichst viel dafür tun, dass es nicht zu den Jugendlichen gehört, die vorzeitig ohne Abschluss die Schule verlassen.

Sollten Sie externe Hilfe in Anspruch nehmen wollen, so sind der schulpsychologische Dienst, das Jugendamt, Erziehungs- und Familienberatungsstellen, niedergelassene Psychotherapeuten sowie Kinder- und Jugendärzte weitere Ansprechpartner.

Einige Verhaltenstipps

* Liegen schulische Defizite vor, die schnellstmöglich behoben werden müssen, damit Ihr Kind den Anschluss nicht verliert?
* Bestehen ungelöste Konflikte mit Mitschülern oder Lehrern, die die Unlust oder sogar konkrete Ängste bedingen?
* (Leistungs-)Vergleiche mit Nachbarskindern oder Mitschülern werden von Ihrem Nachwuchs eher als Provokation oder persönliche Ablehnung erlebt, als dass sie zum erwünschten Ergebnis führen.
* Welche Einstellung vertreten und vermitteln Sie Ihrem Kind bezüglich des heutigen Schulsystems?
* Was haben Sie bisher dafür getan, Ihr Kind für die Schule zu motivieren? Ein notenadaptiertes Belohnungssystem im Sinn eines Taschengeldzuschusses oder Prämien für gute Leistungen können die Motivation deutlich erhöhen.
* Loben Sie Ihren Nachwuchs bei jedem Anlass.
* Nehmen Sie die Misserfolge und Sorgen Ihres Kindes ernst. Eine Bagatellisierung schulischer Misserfolge oder unzureichender Leistungen bringen Ihr Kind nicht weiter.
* Interessieren Sie sich für den Lernstoff und die erbrachten Leistungsfortschritte.
* Falls Ihr Kind die Schule zu schwänzen scheint, reagieren Sie nicht vorschnell, sondern versuchen Sie sich ein Bild über das Ausmaß und die Hintergründe zu verschaffen.
* Machen Sie ganz deutlich, dass Sie nicht die Einstellungen oder die Persönlichkeit Ihres Kindes kritisieren, sondern nur sein Verhalten.
* Versuchen Sie in Zusammenarbeit mit den Lehrern und anderen nahen Bezugspersonen ein Problemverständnis zu entwickeln und Unterstützungsmaßnahmen zu formulieren.

Weitere Adressen und Hilfsangebote

https://www.familienhandbuch.de/kita/schule/probleme/NullBockauf-Schule.ph
https://www.familienhandbuch.de/kita/schule/probleme/NullBockauf-Schule.ph
https://www.praxis-jugendarbeit.de/jugend-probleme-themen/28-Schulverweigerung.html

20

T wie Traumaerfahrungen

Dieses Kapitel soll Sie nicht verschrecken, sondern sensibilisieren. Aufgrund der hohen Auftretenswahrscheinlichkeit traumatischer Erlebnisse gehört es in den Umfang dieses Ratgebers hinein.

Aktuellen Studien zufolge besteht auch im jungen Alter eine über 50%ige Wahrscheinlichkeit, ein traumatisches Ereignis zu erleben. Unter einem Trauma versteht man ein lebensveränderndes Ereignis, das beispielsweise einen tatsächlichen oder drohenden Tod, ernsthafte Verletzungen, schwere Unfälle, Misshandlung oder sexuelle Gewalt beinhaltet. Dabei spielt es eine untergeordnete Rolle, ob das Ereignis selbst erlebt, beobachtet oder sogar nur durch eine Erzählung indirekt *erfahren* wird. Obwohl es in der Verantwortung der Eltern liegt, für die körperliche Unversehrtheit und Sicherheit ihrer schutzbedürftigen Kinder zu sorgen, kommen sexuelle Übergriffe immer noch so häufig vor, dass statistisch gesehen in jeder Schulklasse ein bis zwei Schüler betroffen sind.

Auch eine verdrängte oder durch die Eltern abgelehnte Homo- oder Transsexualität kann traumatisierend für die jugendliche Psyche sein.

Glücklicherweise entwickelt nicht jeder, der so etwas erlebt, eine psychische Erkrankung im Sinn einer Traumafolgestörung. Die Mehrzahl der Kinder und Jugendlichen erholt sich ohne therapeutische Hilfe nach einer gewissen Zeit, da Kinder über erstaunliche Ressourcen verfügen. Mit jedem weiteren Ereignis oder aber einem Fortbestehen traumatischer Übergriffe wie beispielsweise bei einem anhaltenden sexuellen Missbrauch steigt das Risiko, eine Folgestörung zu entwickeln.

© Springer Fachmedien Wiesbaden GmbH, ein Teil von Springer Nature 2020
C. Kattan, *Durch die Pubertät von A bis Z,* https://doi.org/10.1007/978-3-658-28133-5_20

Oftmals sind die Symptome aber auch schleichend oder die Eltern wissen überhaupt nichts davon, dass Ihr Kind ein Trauma erlebt hat. Aus diesem Grund ist es sinnvoll, für dieses Thema und möglicherweise auftretende Verhaltensauffälligkeiten sensibilisiert zu sein. Die Folgen solcher Ereignisse können Depressionen, Angsterkrankungen aber auch die Entwicklung einer posttraumatischen Belastungsstörung (PTBS) sein, die auf den ersten Blick möglicherweise nicht so gut zu diagnostizieren ist, da die Symptome vielfältig sind. Für diese Störung wird eine Auftretenswahrscheinlichkeit von 2–12 % unter Kindern und Jugendlichen genannt. Das gedankliche Wiedererleben des Ereignisses und negative Veränderungen in den Gedanken und Gefühlen sind einige typische Aspekte, die Sie als Eltern nicht unbedingt wahrnehmen werden, sofern Ihr Nachwuchs nicht explizit mit Ihnen darüber spricht. Bestehen die Symptome über einen längeren Zeitraum, so können sich langfristig überzogene negative Erwartungen oder ungünstige allgemeine Überzeugungen entwickeln, die sich auf die eigene Person beziehen können oder zu einer feindlichen Weltansicht führen. Negative Glaubenssätze wie beispielsweise: „Ich bin wertlos, weil mir das passiert ist", oder „ich bin selbst schuld, da ich mich nicht gewehrt habe", können sich nach solchen negativen Erfahrungen verfestigen und das weitere Leben entscheidend prägen.

Die traumabedingten Veränderungen fühlen sich wie eine Entfremdung von der eigenen Persönlichkeit an, was den Betroffenen meist große Angst bereitet. Wenn die Erinnerungen an das Ereignis unkontrolliert auftreten (Flashbacks) und die damit zusammenhängenden Gefühle und Gedanken nicht mehr kontrolliert werden können und sich die Welt oder der eigene Körper dadurch fremd anfühlt, haben die Betroffenen oftmals das Gefühl, verrückt zu werden. Im Alltag können sensorische Reize auftreten, die als Trigger fungieren. Das bedeutet, dass Geräusche, Gerüche, Berührungen oder andere Sinnesempfindungen an das traumatische Ereignis erinnern, woraufhin Betroffene mit starker Angst, Herzrasen, Panikattacken oder anderen körperlichen Symptomen reagieren können. Das kann zu einer generellen Übererregbarkeit führen, die als eine Gegenregulation der Psyche verstanden werden kann, um den Organismus vor weiteren Gefahren zu schützen und zu alarmieren. Das ist jedoch für den Genesungsprozess hinderlich, zumal die Betroffenen in einen anhaltenden Alarmzustand versetzt werden. Es wird mit aller Kraft versucht, jegliche Erinnerungen, Gedanken, Gefühle oder Orte, die mit dem Ereignis in Verbindung gebracht werden, zu vermeiden. Das unterhält jedoch leider die Symptomatik und behindert die notwendige kognitive Umstrukturierung, die zur Verarbeitung des Traumas erforderlich ist.

Bei kleineren Kindern treten häufig Alpträume auf oder das Erlebte wird immer wieder im Spiel lustlos nachgeahmt. Vor allem Kinder neigen dazu, sich selbst die Schuld für das Erlebte zu geben, weshalb Gefühle wie Scham, emotionaler Rückzug und Traurigkeit vorherrschen können. Da nicht nur die beängstigenden Gefühle selektiv verdrängt werden können, kommt es zu einer allgemeinen Gefühlstaubheit, die dazu führt, dass auch Gefühle von Freude, Glück oder Zuneigung abstumpfen und nicht mehr so gut wahrgenommen werden. Das kann zu einer allgemeinen Lust- und Freudlosigkeit im Alltag führen. Erhöhte Reizbarkeit oder aggressive Reaktionen und selbstverletzendes Verhalten können ebenso eine Folge der unverarbeiteten Eindrücke sein.

Manchmal sind es auch völlig unlogische oder unverständliche Verhaltensweisen, die einen Hinweis auf die verzwickte Situation der Betroffenen geben: *„Wenn sie nicht aus der Rolle fallen, können sie nicht aus der Falle rollen".*

Die betroffenen Kinder- oder Jugendlichen sind sich oftmals nicht darüber im Klaren, dass die Veränderungen in ihrem Denken und Fühlen auf das Trauma zurückzuführen sind, da Erinnerungslücken oder andere unbewusste psychische Schutzfunktionen eine zeitlich nachvollziehbare, komplette Erinnerung verhindern.

Manchmal ist es auch „nur" die Trennung der Eltern oder andere belastende familiäre Ereignisse, die unzureichend aufgearbeitet oder thematisiert wurden und gravierende Spuren in der Psyche des Kindes hinterlassen haben. Haben Sie auch solche Situationen im Hinterkopf, wenn Sie die oben beschriebenen Verhaltensauffälligkeiten bei Ihrem Nachwuchs beobachten.

Ein kleiner Exkurs

Selbstverletzungen treten gehäuft in der Pubertät im Kontext psychischer Erkrankungen auf. Die Ursachen können sehr vielfältig sein und sind teilweise auch noch nicht abschließend erforscht.

Selbstverletzendes Verhalten umfasst eine Reihe selbstschädigender Handlungen, wobei das Ritzen seit den 1990er-Jahren unter Jugendlichen und jungen Menschen immer öfter beobachtet wird und bei dem Umfeld der Betroffenen starke Bestürzung auslöst. Meist wird die Haut an Unterarmen oder Beinen mit parallelen Rasierklingen- oder Messerschnitten aufgeritzt, bis sie blutet. Stark klaffende oder infizierte Wunden müssen dann umgehend chirurgisch versorgt werden. Oftmals versuchen die Betroffenen diese Stellen aber selbst zu verbinden und zu verstecken. Weitere Formen der Selbstverletzung umfassen Verbrühen und Verbrennen der Haut, wiederholtes Schlagen des Kopfs an Gegenstände oder Stechen mit Nadeln.

In der Medizin und Psychologie interpretiert man dieses Verhalten als ein Symptom für schwere seelische Belastungen, die sich in einer unerträglichen inneren Leere, Trauer, Hass und Selbsthass äußern. Um ein Ventil für diese inneren Spannungszustände zu öffnen, fügen Betroffene sich selbst bewusst Schmerzen zu, um den dahinterliegenden Gefühlen einen Austritt oder Ausdruck zu verleihen. Dieser Vorgang läuft natürlich weitgehend unbewusst ab und ist letztendlich das Resultat einer verzweifelten Psyche, die sich nicht anders zu helfen weiß. Es ist sicherlich falsch, dieses Verhalten als manipulativ oder provokativ zu bezeichnen, wobei Eltern schnell dazu neigen können, da es einerseits auf eine sehr demonstrative Weise zeigt, dass etwas mit der Familie oder dem Seelenleben des Kindes nicht stimmt und andererseits so unverständlich auf Außenstehende wirkt. Da vorsichtigen Schätzungen zufolge etwa 2 % der deutschen Bevölkerung davon betroffen sind und 10 % aller 14-Jährigen sich laut Studienlage schon einmal selbst verletzt haben und teilweise dieses Verhalten auch wiederholen, sollten Sie darüber Bescheid wissen. Es besteht die Absicht, den eigenen Körper, manchmal auch im Rahmen einer Selbstbestrafung, zu verletzen, ohne sich dabei zu töten. Selbstverletzendes Verhalten wird überwiegend im Kontext von psychischen

Erkrankungen wie einer Borderline-Persönlichkeitsstörung oder einer antisozialen Persönlichkeitsstörung, als auch bei Depressionen, Angsterkrankungen, Essstörungen und Drogenmissbrauch gesehen. Auch Missbrauchserfahrungen oder andere unverarbeitete psychische Traumatisierungen können zu solch einem Verhalten führen oder es aufrechterhalten. Betroffene wissen dann oftmals nicht, wie sie mit den starken negativen Gefühlen umgehen sollen oder haben kein anderes Mittel zur Emotionsregulation erlernt. Vor allem nach traumatischen Erfahrungen oder anhaltendem sexuellen Missbrauch kann es zu einer Alexithymie kommen. Dieser Begriff beschreibt die Unfähigkeit, jegliche Gefühle wahrzunehmen oder auszudrücken. Das kann als ein Schutzmechanismus der Psyche verstanden werden, der aktiv wurde, weil starke seelische Belastungen oder andersartige körperliche und psychische Qualen vom Organismus nicht länger ertragen worden wären. Die körperlich zugefügten Schmerzen helfen Betroffenen dabei, überhaupt wieder etwas in dem entfremdeten Körper zu spüren, in die Realität zurückzufinden und sich selbst zu beruhigen.

Als weitere Risikofaktoren für ein solches Verhalten werden der Kontakt zu sich selbst verletzenden Gleichaltrigen, Störungen im Serotoninstoffwechsel, unzuverlässige und ambivalente Bindungserfahrungen in der frühen Kindheit und soziale Konflikte genannt.

Ohne eine adäquate Behandlung kann dieses Verhalten über Jahre bestehen und führt in vielen Fällen zu entstellenden Narben und sozialen Problemen, was für die ganze Familie eine große Belastung darstellt.

Einige Verhaltenstipps

* Sollten Sie den Eindruck haben, dass eine traumabedingte Symptomatik vorliegt, sollten Sie sich unter allen Umständen professionelle Hilfe suchen.
* Eine PTBS (posttraumatische Belastungsstörung) oder eine andere Traumafolgestörung sollte immer eine angemessene Behandlung durch eine traumatherapeutisch arbeitende Behandlerin oder einen Behandler erfahren, da sonst weitere psychische Störungen wie Substanzmissbrauch, Gewalttätigkeit, Depressionen oder Suizidalität auftreten können.
* Versuchen Sie Verständnis für alles aufzubringen, was Sie von Ihrem Kind erfahren oder welches Verhalten Sie bei ihm sehen, so unverständlich und befremdlich es auf Sie wirken mag. Denn das hilft den Betroffenen im Hinblick auf alle schwierigen und unklaren Gefühle, die sie erleben, das beruhigende Gefühl zu bekommen, (doch) nicht verrückt zu sein.
* Reden Sie Ihrem Nachwuchs gut zu, dass gemeinsam eine Lösung für das vorhandene Problem gefunden werden kann und die eigenen Empfindungen sich bald bessern werden.
* In der Therapie sollte der Fokus auf der inneren Kraft und dem Überlebenswillen liegen. Man muss sich immer wieder klar machen, dass etwas sehr Schlimmes *überstanden und überlebt* wurde, ohne daran zu zerbrechen, woraus neue Kompetenzen entstanden sind, die es zu fördern gilt.

21

U wie Unabhängigkeit

Das Loslassen der eigenen Kinder fällt vielen Eltern schwer, da man verständlicherweise immer mal wieder das kleine, süße, abhängige Kind von damals vor sich sieht und möglicherweise die zuvor innige körperliche Beziehung vermisst. Die Ablösung vom Elternhaus wird für manche Eltern sogar eher schmerzhaft als erleichternd empfunden, da es sich wie eine Trennung anfühlen kann, deren Ausgang nicht gewiss zu sein scheint. Wann immer Sie körperliche oder verbale Ablehnung erfahren, machen Sie sich bitte klar, dass es nichts mit dem Ausmaß an Liebe für Sie zu tun hat, sondern ein ganz normaler Entwicklungsprozess ist.

Diese Phase der Abnabelung wird für manche Eltern wie eine schmale Gratwanderung empfunden. Wie viel Unterstützung, Nähe und Zärtlichkeit sind noch erwünscht? Bedeutet der vermehrte Rückzug, dass jetzt nach Geborgenheit und Schutz gesucht wird und besonders häufig nach dem Befinden gefragt und an die Tür geklopft werden sollte? Oder ist es eher ein Zeichen dafür, dass der Nachwuchs guten Gewissens in die weite Welt geschickt werden kann? Helikoptereltern, die in dieser Lebensphase weiterhin ihr Kind bei jedem Stolpern auffangen, fördern damit nur deren Unselbstständigkeit.

Das Gefühlschaos des Teenagers lässt oftmals weder den klaren Wunsch nach emotionaler oder körperlicher Zuwendung erkennen, noch nach einer anderen Art der Tröstung oder des Zuspruchs. Und doch ist genau das in dieser Zeit besonders wichtig. Versuchen Sie ebenso viel Präsenz zu zeigen, wie in den Jahren zuvor. Unabhängig davon, ob Ihr Teenager öfters mal in den Arm genommen werden möchte oder seine Frustrationen lieber beim

© Springer Fachmedien Wiesbaden GmbH, ein Teil von Springer Nature 2020
C. Kattan, *Durch die Pubertät von A bis Z,* https://doi.org/10.1007/978-3-658-28133-5_21

Sport oder vor dem PC abreagiert – Sie sollten versuchen auf das jeweilige Bedürfnis Rücksicht zu nehmen, ohne sich aufzudrängen. Ihr Interesse, Ihre Anwesenheit und Ihr Verständnis für den Vorgang der Ablösung und die damit zusammenhängenden Verhaltensweisen sind ungemein wichtig.

Ihr Kind orientiert sich weiterhin vorwiegend an Ihnen, auch wenn es nicht den Anschein erwecken mag. Um schon völlig unabhängig und selbstständig handeln zu können fehlt es ihm zum einen an Lebenserfahrung und zum anderen an der nötigen hirnorganischen Reife. Forschungen zeigen, dass sich die Hirnentwicklung bis zum 21. Lebensjahr vollzieht, weshalb weiterhin ein hohes Maß an Unterstützung bei der Lebensführung und Zukunftsplanung erforderlich sein kann. Sie können versuchen, die Geschwindigkeit der Unabhängigkeitsbestrebungen insofern zu regulieren, indem Sie in gewissem Umfang Ihrem Nachwuchs immer mehr Verantwortlichkeiten übertragen. Auf diese Weise bekommt Ihr Teenager ein Gespür dafür, was er sich selbst zumuten kann und in welchen Situationen weiterhin Unterstützung in Anspruch genommen werden sollte. Ein anklammerndes oder übermäßig beschützendes Verhalten Ihrerseits sollten Sie jedoch vermeiden, denn je mehr sich Ihr Kind in seinem Handlungsspielraum oder seiner Entscheidungsfreiheit eingeschränkt fühlt, desto eher wird es sich dagegen auflehnen und Ihre gut gemeinten Ratschläge und Hilfsangebote ablehnen. Loslassen bedeutet nicht, sich voneinander zu distanzieren, sondern lediglich die Verantwortlichkeiten anders zu verteilen. Ein selbstverantwortliches und zielorientiertes Handeln und Denken soll gefördert werden, weshalb es nicht sinnvoll ist, wenn Sie Ihrem Nachwuchs alle Entscheidungen abnehmen oder den Ablösungsprozess anderweitig behindern.

Einige Verhaltenstipps

* Bleiben Sie gelassen und machen Sie sich klar, dass Sie weiterhin wichtigstes Vorbild und eine unentbehrliche Orientierungshilfe für Ihr Kind sein werden.
* Erscheint Ihnen der abnehmende Wunsch nach Zärtlichkeiten und Umarmungen wie ein starker emotionaler Verlust, so machen Sie sich immer wieder klar, dass dies völlig normal und oftmals auch nur vorübergehend ist.
* Auch ein sturmfreies Wochenende kann auf beiden Seiten zu der Erkenntnis führen, dass doch noch mehr Unterstützung in der Lebensführung und Alltagsbewältigung erforderlich ist, als zuvor angenommen.

* Gestehen Sie Ihrem Nachwuchs auch Fehler zu. Fehltritte sind wichtige Entwicklungshelfer im Prozess der wachsenden Unabhängigkeit.
* Ihr Nachwuchs verbringt jetzt vor allem am Wochenende weniger Zeit mit Ihnen? Nutzen Sie die freigewordene Zeit für sich. Vielleicht gibt es ein Hobby oder eine neue Freizeitbeschäftigung, der Sie nachgehen können?
* Überlegen Sie gemeinsam mit Ihrem Partner, welche Möglichkeiten oder Vorteile sich für Sie als Paar durch die zunehmende Selbstständigkeit und Ablösung der Kinder vom Elternhaus ergeben könnten.

22

V wie Volljährigkeit

Mit der Vollendung des 18. Lebensjahres erlangt Ihr Nachwuchs ein paar weitere Rechte und Pflichten und gilt offiziell als erwachsen. Viel entscheidender ist aber die Befähigung zu einem selbstständigen und verantwortungsbewussten Leben, denn ohne das bringt die Volljährigkeit wenig Vorteil.

Jetzt ist der Jugendliche ein Stück weit für sein eigenes Leben verantwortlich und hat im Idealfall auch schon die Erfahrungen gemacht, dass er Einfluss nehmen kann auf sein Denken, Fühlen und Handeln. Das bedeutet, dass er eine gewisse Selbstsicherheit entwickelt hat, die es ihm ermöglicht, phasenweise auf sich selbst gestellt zu sein. Bestimmte Situationen durch aktives Handeln verbessern zu können und Verantwortung für sich, andere und seine Umwelt übernehmen zu können, das sind wesentliche Meilensteine auf dem Weg zum Erwachsen werden.

Die Schlüsselwörter eines eigenständigen, zufriedenen Lebens sind **Selbstbewusstsein, Selbstständigkeit, Selbstempfinden, Selbstfürsorge und Selbstregulationsfähigkeit.** Diese Charaktereigenschaften bilden das Fundament, das uns psychisch stabil macht und uns dabei hilft, mit den Widrigkeiten eines jeden Lebens zurechtzukommen. Das klingt egoistisch, da es immer nur um einen selbst geht, aber letztendlich muss Ihr Nachwuchs vor allem sich selbst und seinen Wünschen gerecht werden, um später von einem erfüllten Leben sprechen zu können.

Zum Aufbau eines stabilen **Selbstbewusstseins** Ihres Kindes haben Sie vermutlich in den letzten Jahren einiges beigetragen und werden dies auch weiter tun. Denn vor allem unser Selbstbewusstsein hat einen großen Einfluss auf

© Springer Fachmedien Wiesbaden GmbH, ein Teil von Springer Nature 2020
C. Kattan, *Durch die Pubertät von A bis Z,* https://doi.org/10.1007/978-3-658-28133-5_22

unseren weiteren Lebensweg und darauf, wie wir uns generell fühlen. Dieses **Selbstempfinden** entscheidet darüber, wie selbstsicher wir uns im Leben bewegen, wie viel wir uns zutrauen, wie erfolgreich wir sein werden und wie wir mit Niederlagen umgehen. Denn das macht unter anderem unsere **Selbstständigkeit** aus. Eine gute **Selbstregulationsfähigkeit** reduziert das situativ wahrgenommene und allgemeine Stressempfinden, verbessert die Streitkultur und Konfliktlösefähigkeit und lässt uns auch bei wachsenden Anforderungen den Überblick behalten. Die Kontrolle zu behalten, vor allem über besonders starke oder sehr negative Gefühle, vermittelt uns Sicherheit und die Gewissheit, dass wir uns in schwierigen Lebenslagen selbst helfen können.

Mit der Volljährigkeit wird auch erwartet, dass der Jugendliche zunehmend besser für sich selbst sorgen kann und die richtigen Entscheidungen für sich trifft. In diesem Zusammenhang ist eine gute **Selbstfürsorge** entscheidend. Auf die eigene Selbstfürsorge zu achten bedeutet, dass wir uns Gedanken darüber machen, wie wir auf unsere eigenen Bedürfnisse eingehen können, und im Rückschluss Mangelzustände frühzeitig erkennen. Denn dadurch entwickelt sich auch ein besseres Problemverständnis und wir können ungünstige Situationen zügig bearbeiten und beseitigen.

Wenn Sie als Eltern öfters mal ein Augenmerk auf Ihre eigene Selbstfürsorge gelegt haben, sich etwas gegönnt haben und die Seele baumeln lassen können, so wird Ihr Nachwuchs das sicherlich ebenfalls verinnerlicht haben.

Mit der Volljährigkeit können jedoch auch neue Konflikte entstehen, wenn Ihr Nachwuchs beispielsweise den Drang verspürt, sich aufgrund seiner neu erlangten Freiheiten von Ihnen zu distanzieren oder glaubt, sich über alle Regeln hinwegsetzen zu können. Solange Ihr Kind in Ihrem Haus wohnt, haben Sie auch das Sagen und können erwarten, dass Sie Unterstützung bei der Haushaltsführung bekommen oder Ihr Nachwuchs auf andere Weise seinen Beitrag zum Familienalltag leistet.

Im Anschluss finden Sie eine Auflistung der wichtigsten Veränderungen mit Erreichen des 18. Lebensjahres.

Die wichtigsten Änderungen im Überblick

Mit der Volljährigkeit darf Ihr Kind

* selbst wählen gehen und auch gewählt werden;
* den Führerschein Klasse B machen und dann allein Auto fahren;
* seinen Wohnort selber wählen;
* den Bund der Ehe schließen;
* ein Testament selbst schreiben und auch ein Erbe ausschlagen;

- eine eigene Firma gründen;
- Kreditverträge und jegliche andere Kaufverträge abschließen, da es nun die „volle Geschäftsfähigkeit" besitzt;
- für Straftaten verurteilt werden und Prozesse notfalls sogar allein führen, da es jetzt strafmündig ist;
- sich selbst bei einer Versicherung versichern lassen, wobei es sich oftmals anbietet, beispielsweise bei der gesetzlichen Krankenversicherung bis zum 25. Lebensjahr über die Eltern versichert zu bleiben;
- im Fall von unterlassenen Unterhaltszahlungen der Eltern bis zum Abschluss einer Lehre, eines Studiums oder einer anderen abgeschlossenen Berufsausbildung gegen diese klagen. Kinder haben Anspruch auf einen sogenannten Bar-Unterhalt.

23

W wie Widerstandsfähigkeit

Einen Misserfolg gut wegstecken zu können, ist eine wertvolle Gabe. Dafür benötigen wir Zugang zu unseren Ressourcen, unseren Kraftquellen, die unsere Widerstandskraft verbessern. Widerstandskraft umschreibt die Fähigkeit, mit Niederlagen gut umgehen zu können und in schwierigen Lebenssituationen das seelische Gleichgewicht nicht zu verlieren. Sie wird auch als Resilienz bezeichnet. Davon können Sie Ihrem Nachwuchs von klein auf viel mitgeben und so der Kinderseele eine Art Schutzschirm aufspannen. Diese Resilienz ist wie ein Immunsystem der Seele zu verstehen, das dafür sorgt, dass auch in Krisensituationen die körperliche und geistige Gesundheit des Betroffenen nicht bedroht ist.

Es ist wissenschaftlich erwiesen, dass liebevoll umsorgte Babys und natürlich auch Kleinkinder zu belastungsfähigen Jugendlichen und Erwachsenen heranwachsen, die mit Schwierigkeiten fertig werden, vor allem weil sie auf ihre eigenen Kräfte und Fähigkeiten zu vertrauen gelernt haben. Wer als Kind viel Wertschätzung, Akzeptanz, Ermutigung und Unterstützung erfährt, der wird automatisch früh damit beginnen, seine eigene Widerstandsfähigkeit aufzubauen. Ein einfühlsamer Erziehungsstil ist dabei natürlich ebenso entscheidend wie das Vorhandensein eines sicheren Bindungsverhältnisses.

In jeder Familie, beziehungsweise in jedem Alltag gibt es Krisen, die die Kinder bewältigen müssen, um sich weiterzuentwickeln. Wenn Sie Ihren Kindern in dieser Zeit mit einer ermutigenden Haltung und lösungsorientierten Gesprächen zur Seite stehen, so können Sie ihnen am besten vorleben, wie man mit schwierigen Situationen umgehen kann, ohne sich

C. Kattan, *Durch die Pubertät von A bis Z,* https://doi.org/10.1007/978-3-658-28133-5_23

hilflos und ausgeliefert zu fühlen. So kann Ihr Kind zunehmend mehr Lebenskompetenz entwickeln und auf seine eigenen Stärken und Fähigkeiten vertrauen lernen. Die Fähigkeit, mutig an Probleme heranzugehen und aktiv nach einer Lösung zu suchen, ist somit für Jugendliche, die häufiger mal vor neuen Herausforderungen stehen, eine wichtige Ressource. In der Adoleszenz ist ihr Kind schon so weit gereift, dass es zunehmend besser eigenständig von seinen Kraftquellen Gebrauch machen kann. Dafür ist es aber erforderlich, sich selbst und diese persönlichen Kraftgeber gut zu kennen und diese auch zu nutzen. Denn das stabilisiert das innere Gleichgewicht und somit die allgemeine psychische Verfassung.

Der Kopf der Jugendlichen ist häufig so voll mit Aufgaben, Plänen, Sorgen, Ängsten und einem Gefühl von *Druck,* dass sie dazu neigen, sich selbst zu überfordern. Für die Seele jedoch ist die Balance zwischen Kraft erfordernden und Kraft zurückgebenden Tätigkeiten enorm wichtig. Fühlen wir uns erschöpft und energielos, so können negative Gedanken Überhand gewinnen und die Stimmung beeinflussen. Eine positive Lebenseinstellung beispielsweise ist deshalb eine wertvollen Ressource, da sie uns unterbewusst ermutigt und uns durch positive gedankliche Bewertungen viele freudige Momente im Alltag erfahren lässt, sodass auch ungünstige Lebenssituationen weniger bedrohlich wahrgenommen werden. Unsere Grundeinstellung entscheidet auch darüber, ob wir die Welt als gestaltbares Ordnungsgefüge oder eher als großes unübersichtliches Chaos erleben, auf das wir keinen Einfluss haben. Wie optimistisch Jugendliche in die Zukunft starten, hängt davon ab, wie viele persönliche Fähigkeiten sie besitzen beziehungsweise wie sehr sie die eigenen Kompetenzen zu nutzen wissen. Nicht jede vermeintliche Schwäche beispielsweise ist auch wirklich eine Schwäche. Jedes erlernte oder unbewusst übernommene Verhalten macht auf irgendeine Weise für unser Leben Sinn oder hat in der Vergangenheit Sinn gemacht. So kann eine starke Empfindlichkeit, die von Mitmenschen kritisiert wird, durch einen Perspektivwechsel, als Befähigung zu einer großen Empathie bewertet werden. Oder auch eine gewisse Entscheidungsschwäche kann vor dem Hintergrund, optimale Entscheidungen für sich treffen zu wollen, als besonders gewissenhaftes Verhalten interpretiert werden. Wenn Sie Ihrem Nachwuchs auf diese Weise helfen, seine fragwürdigen Seiten oder Verhaltensweisen nochmals kritisch zu prüfen, um weitere persönliche Stärken zu formulieren, so stärkt das zwei wichtige Resilienzfaktoren: die Selbstwahrnehmung und das Selbstwertgefühl.

Die Faszination für ein Hobby oder eine andere Freizeitaktivität ist häufig eine weitere bedeutsame Ressource, die den Jugendlichen in schwierigen Lebensphasen trägt. Kontaktfreudigkeit und ein offener Austausch mit

Freunden in heiklen Situationen verbessert die Selbstwahrnehmung und die Widerstandskraft, weshalb soziale Kompetenzen von klein auf gefördert werden sollten. Ebenso kann aber auch die Fähigkeit, sich zurückzuziehen, innezuhalten, nachzudenken und über die eigene Situation zu reflektieren, eine wichtige Kraftquelle sein, die neue Wege aufzeigen kann und zu einer besseren Problemlösekompetenz beiträgt.

Einige Anregungen zur Verbesserung der Resilienz

* Unterstützen Sie Ihren Nachwuchs dabei, seine Stärken zu erkennen und diese weiter zu fördern.
* Selbstwirksamkeitserfahrungen sind ein wichtiger Resilienzfaktor. Fördern Sie Ihr Kind auf allen Ebenen, damit es immer wieder die Möglichkeit bekommt, solche Erfahrungen selbst zu machen.
* Ein konstantes Hobby gibt Struktur und Halt vor allem in schwierigen Zeiten, in denen der Jugendliche verunsichert ist oder sich allein fühlt.
* Versuchen Sie Ihrem Nachwuchs einen realistischen Blick zu verschaffen, was seine individuelle Belastbarkeit, seine Möglichkeiten, seine jeweiligen Lebensumstände und seine Mittel zur Zielerreichung betrifft.
* Ermutigen Sie Ihren Nachwuchs, Probleme anzupacken und selbst Lösungen zu formulieren, statt in Selbstmitleid zu versinken.
* Die Fähigkeit, sich zu entspannen und den über den Tag aufgebauten Druck selbst wieder abbauen zu können, ist einer der wichtigsten Aspekte, die zu unserer Widerstandsfähigkeit beiträgt.

24

X Generation

Die Beschreibung dieser Generation ist nicht ganz so eindeutig wie die der nachfolgenden. Im aktuellen Sprachgebrauch bezieht sich die Bezeichnung Generation X meist auf die den Babyboomern folgende Generation. Die Babyboomer sind zwischen 1946 und 1964 geboren und gehören damit zum geburtsreichsten Jahrgang der Nachkriegszeit. Die Babyboomer legten großen Wert auf das eigene Vorankommen, weshalb Angehörige dieser Geburtsjahrgänge nach Führungspositionen strebten und als besonders ehrgeizig und ambitioniert beschrieben werden. Darüber hinaus ist über die Werte, Gefühle oder Ideale dieser Jahrgänge aufgrund unzureichender Studienlage wenig bekannt.

Die anschließende Generation X erhielt ihren Namen nach dem gleichnamigen Roman von Douglas Coupland.

Sie wurde zum einen durch den Beginn der Medienrevolution und andere technische Neuerungen, zum anderen auch durch die Wirtschaftskrise und eine hohe Scheidungsrate geprägt. Sie werden auch als MTV-Generation bezeichnet. Die zwischen 1965 und 1980 Geborenen werden oftmals vor allem in der Jugendzeit als ziellos, pessimistisch und desinteressiert beschrieben, da sie auf nichts Bock hatten und unter dem Einfluss sich ändernder familiärer Strukturen und wechselnder gesellschaftlicher Traditionen standen. Die Auswirkungen der Ölkrise, Tschernobyl, zunehmende gesundheitliche Bedrohungen durch vermehrte UV-Strahlung aufgrund des Ozonlochs, Drogen und AIDS führten zu einer gesellschaftlichen und politischen Unsicherheit, die die Jugend zu spüren bekam. Auf einen oftmals augenscheinlich leichten Berufseintritt folgte eine Konjunkturkrise mit wachsender Arbeitslosigkeit und damit einhergehender Perspektivlosigkeit.

© Springer Fachmedien Wiesbaden GmbH, ein Teil von Springer Nature 2020
C. Kattan, *Durch die Pubertät von A bis Z,* https://doi.org/10.1007/978-3-658-28133-5_24

Eine gute Ausbildung mit dem Ziel eines materiell abgesicherten Lebens war jedoch weiterhin das Ziel und stand vor allen anderen Bedürfnissen. Unabhängigkeit und das Streben nach einer hohen Lebensqualität sind charakteristische Merkmale, die den Mitgliedern dieser Generation nachgesagt werden. Einige Autoren bezeichnen diese Generation in Deutschland auch als Generation Golf, hergeleitet von dem Volkswagenmodell, das in dieser Zeit eine Kraftfahrzeugklasse repräsentierte, an der sich die Konkurrenz messen lassen musste. Die Generation Golf legt es weniger darauf an, mit den ökologischen Folgen des Wirtschaftsbooms zu kämpfen, sondern zog es vor, den Wohlstand der Eltern erst einmal zu genießen. Ein eher unkritisches Streben nach Konsum, wenig politisches Interesse, ein wachsendes Mode- und Markenbewusstsein und Hedonismus wird den Erwachsenen dieser Jahrgänge nachgesagt. Arbeit wurde zwar als zentraler Lebensinhalt bezeichnet, aber auch Work-Life-Balance und Individualismus rückten immer mehr in den Vordergrund, wovon die nachfolgende Generation Y profitierte.

25

Y Generation

Die Mitglieder dieser auch als Millenials bezeichneten Generation wurden in den frühen 1980er- bis zu den späten 1990er-Jahren geboren. Das Y ist auf das englische Wort „why" zurückzuführen, weil der Generation unter anderem nachgesagt wird, alles zu hinterfragen. Die Zuordnung des Begriffs Generation Y wird meist auf Bewohner in Europa und Nordamerika angewendet. Es gibt jedoch wenig Einigkeit darüber, inwiefern charakteristische soziologische Phänomene überhaupt zu erfassen sind.

Die Ypsiloner haben sämtliche Umbrüche und Krisen mitbekommen und dadurch gelernt, mit Ungewissheiten in der Lebensplanung umzugehen und sich anzupassen. Ihnen wird oftmals nachgesagt, dass sie sich möglichst viele Optionen offen halten wollen und einige weitere Ansprüche für sich laut werden lassen. Die Y-Jahrgänge gelten aber auch als besonders örtlich flexibel, vielsprachig und weltoffen.

Es ist bekannt, dass diese Generation besonders gut ausgebildet ist und viel Wert auf eine erfüllende Tätigkeit legt. Selbstverwirklichung, viel Zeit für die Familie und die Forderung nach individuellen Freiräumen werden als einige Charakteristika genannt. Ein besonderer Fokus liegt auf einem ausgeglichenen Verhältnis zwischen Beruf und Freizeit, was einen Wertewandel im Hinblick auf die vorherigen Generationen verkörpert. Eine selbstständige und unabhängige Arbeitsweise sowie eine abwechslungsreiche, sinnstiftende Tätigkeit sind wichtige Kriterien bei der Berufswahl. Starre Hierarchien werden infrage gestellt und flexible Arbeitszeiten, Homeoffice-Tage und Sabbaticals zunehmend eingefordert.

© Springer Fachmedien Wiesbaden GmbH, ein Teil von Springer Nature 2020
C. Kattan, *Durch die Pubertät von A bis Z,* https://doi.org/10.1007/978-3-658-28133-5_25

Die Millenials sind in einem Umfeld von Internet und mobiler Kommunikation aufgewachsen, was einen technikaffinen Lebensstil bedingt und sie durch eine exzellente Vernetzung zu geübten Teamplayern werden lässt. Diese ersten Digital Natives sind geübte Projektmanager und Multi-Tasking-Meister, die sich im beruflichen und privaten Alltag gut organisieren können und die eigenen Projekte verwirklichen.

Die heutige Generation Z verlangt vor allem nach einem Beruf, der Spaß macht, Freiheiten lässt und mit erfüllenden, abwechslungsreichen Aufgaben lockt. Dadurch bleibt ein Spielraum für die eigene berufliche und private Verwirklichung, was eine hohe Lebensqualität ausmacht. Das sind die besten Voraussetzungen für ein zufriedenes Leben. Mit diesem Thema möchte ich diesen Ratgeber im folgenden Kapitel abschließen.

26

Z wie Zufriedenheit

Sie wollen das Beste für Ihr Kind. Doch was ist das? Was macht uns zufrieden?

Wenn Sie Ihr Leben betrachten, so wünschen Sie sich sicherlich, dass Sie am Ende Ihres Lebens von sich behaupten können, ein weitgehend zufriedenes und glückliches Leben geführt zu haben. Wie schwer die vollständige Umsetzung dieses Wunschs letzten Endes sein kann, haben Sie vielleicht selbst erfahren und umso mehr wünschen Sie sich für Ihr Kind, dass es ein rundum zufriedener Mensch werden möge, der mit sich und seiner Umwelt in Einklang lebt und seine Wünsche und Ziele verwirklicht.

Was aber macht Ihr Kind zufrieden? Gutes Essen, gute Noten, eine spannende berufliche Tätigkeit, ein netter Lebenspartner, möglichst viele positive Gefühle? Das ist eine der wichtigsten Lebensaufgaben für Ihren Nachwuchs, genau diese Frage für sich beantworten zu können und danach sein weiteres Leben und seine berufliche Perspektive auszurichten. Sich für andere zu engagieren oder in familiären Aufgaben eine Erfüllung zu finden, kann ebenfalls ein erfüllendes Lebensziel sein. Eine allgemeine Glücksformel gibt es nicht.

Glücklicherweise gibt es aber etliche Möglichkeiten, Zufriedenheit herzustellen, und der Weg zum eigenen Glück ist so individuell wie ein jedes Leben. Wenn uns etwas *glücklich macht,* dann ist das meist ein Zustand, der durch einen äußeren Umstand entstanden ist. Eine innere Zufriedenheit hingegen können wir uns erarbeiten und diese bleibt weitgehend unbeeinflusst von äußeren Einflüssen oder Schicksalsschlägen.

Wir können mit uns selbst zufrieden sein, mit der Art wie wir denken und wie wir unser Leben in die Hand nehmen. Diese Empfindung von

© Springer Fachmedien Wiesbaden GmbH, ein Teil von Springer Nature 2020
C. Kattan, *Durch die Pubertät von A bis Z,* https://doi.org/10.1007/978-3-658-28133-5_26

Glück und Zufriedenheit ist ebenso trainierbar, wie die Skelettmuskulatur im Körper. Die Beachtung der eigenen Bedürfnisse, die Verwirklichung realistischer Wünsche und die Fokussierung auf Begegnungen, die unser Herz bewegen, sind einige Faktoren, die den Glücksfaktor erhöhen und Zufriedenheit in uns entstehen lassen. Eine innere Zufriedenheit ist demnach erlernbar. Durch Dankbarkeit und Wertschätzung beispielsweise können wir unsere Wahrnehmung für schöne Dinge schärfen und den Fokus auf das richten, was uns Gutes widerfahren ist.

Das ist eine schöne Sache, die Sie mit Ihrem Nachwuchs täglich üben können. Ein Tagesrückblick abends beim Abendessen oder auch ein Eintrag in ein Tagebuch, der nochmals alle positiven Erlebnisse des Tages zusammenfasst, kann ebenso das Bewusstsein für solche Momente schulen, wie ein kurzes, individuelles Dankesgebet vor dem Einschlafen.

Zufriedenheit entsteht vor allem dadurch, dass wir uns selbst verwirklichen, unsere Ziele erreichen und einen Platz im Leben gefunden haben. Je konkreter es Ihrem Kind gelingen wird, seine Ziele ins Auge zu fassen und zu verfolgen, desto mehr Erfolgserlebnisse wird es haben, was die Dopaminausschüttung im Gehirn fördert und zudem die allgemeine Motivation steigert. Um eine persönliche Weiterentwicklung und Fortschritt zu erfahren, sollten wir nie aufhören, nach neuen, interessanten Erfahrungen und inspirierenden Impulsen zu suchen, Leidenschaften zu entwickeln und unsere eigenen Interessen zu fördern.

Unsere Träume und Wünsche sind die Sprache unseres Herzens. In dem Moment, in dem wir aufhören zu planen, tritt *Stillstand* in unser Leben, ein Zustand ohne Aktivität und ohne Entwicklung. Wenn es uns hingegen psychisch gut geht, versuchen wir durch neue Ziele, spannende Aktivitäten und neue Erfahrungen unser Leben zu intensivieren und interessant zu gestalten. Als einfühlsamer und interessierter Begleiter können Sie Ihr Kind bei der ganz persönlichen Sinnsuche und bei der Formulierung von Zukunftszielen unterstützen.

Je bewusster wir versuchen, unsere Wünsche in die Realität umzusetzen, desto eher werden wir sie uns erfüllen können. Eine Liste aller Vorhaben und der persönlichen Ziele für die nächsten Jahre kann die Umsetzung erleichtern und die Motivation fördern.

„Die Art und Weise, wie wir unser Leben und unsere Träume angehen, entscheidet darüber, ob wir gedeihen oder vor uns hinvegetieren. Ob wir erblühen oder wie eine vernachlässigte Pflanze langsam vertrocknen" (aus dem Ratgeber *Aktiv Depressionen vorbeugen*, Carolina Kattan, August 2019)

Zufriedenheit

Mein Herz, gib dich zufrieden!
Und fiel dein Los auch schlicht,
Dir war doch Sonne beschieden
Und Tausenden schien sie nicht!

Dir blühn gesunde Sinne,
Du schaffst in goldnem Licht;
Du wurdest Treue inne,
Und Tausenden wurden's nicht!

Und was du ja mußt klagen,
Wird selber zum Gedicht;
Du kannst deine Schmerzen sagen,
Und Tausende können's nicht.

Karl Stieler (1842–1885)

Printed in the United States
By Bookmasters